Ich hab's drauf!

Das große Buch für Alleskönner

Sabine Fritz
Astrid Otte
Christa Pöppelmann

Dieses Buch gehört:

compact via

compact via ist ein Imprint der Compact Verlag GmbH

Text: Sabine Fritz, Astrid Otte, Christa Pöppelmann
Redaktion: Anna Häring
Produktion: Wolfram Friedrich
Abbildungen: siehe Seite 160
Titelabbildungen: www.fotolia.de: Cheryl Casey (m.l.), Just Dahl (o.l.), David Davis (m.r.),
Tino Hemmann (o.m., o.r.), Irochka (Hintergrund), window (u.r.)
Gestaltung: ekh Werbeagentur GbR
Umschlaggestaltung: ekh Werbeagentur GbR

ISBN 978-3-8174-8245-0
2010 2011 2012 2013 2014 2015 10 9 8 7 6 5 4 3 2

www.compact-via.de

Einleitung

Zaubern wie Harry Potter, Spuren lesen oder einfach nur mit den Ohren wackeln – manche Menschen haben ein spezielles Talent. Vielleicht kannst du ja auch schon etwas ganz Besonderes. Doch wäre es nicht toll, wenn du noch mehr Dinge wie ein Profi drauf hättest?

Du glaubst, es gibt keine Alleskönner? Da irrst du dich aber gewaltig! Man kann nämlich wirklich (fast) alles erlernen. Einige Tricks und Kunststücke können dir im Alltag sehr nützlich sein, andere sind einfach nur sensationell oder zum Schreien komisch.

Grün bedeutet, dass diese Sache ganz leicht zu erlernen ist.

Gelb bedeutet, dass sie etwas mehr Zeit und Geschick erfordert.

Rot bedeutet, dass man länger üben oder besonders fingerfertig sein sollte.

Nur Mut

Wenn etwas nicht sofort klappt, gib nicht gleich auf. Manchmal braucht es eben ein wenig Training und Geduld. Und schon bald kannst du ganz entspannt auf den Händen laufen, den perfekten Schneemann bauen, leckere Getränke zubereiten, Detektivtricks anwenden oder einen Spickzettel schreiben, den garantiert kein Lehrer entziffern kann! Zur Orientierung sind die einzelnen Anleitungen mit Ampeln gekennzeichnet.

Darüber hinaus ...

... findest du in diesem Buch eine Checkliste für deine perfekte Ausstattung, Tipps zum Durchhalten, Platz für eigene Fotos, ein Glossar, in dem du unbekannte Wörter nachschlagen kannst, sowie eine High-Score-Liste samt Alleskönnerorden zum Ausschneiden.

Aber nun genug der Worte – leg einfach los! Spätestens morgen wirst du deine Freunde, Eltern oder Lehrer in großes Staunen versetzen.

Viel Spaß dabei!

Inhalt

Abenteuer

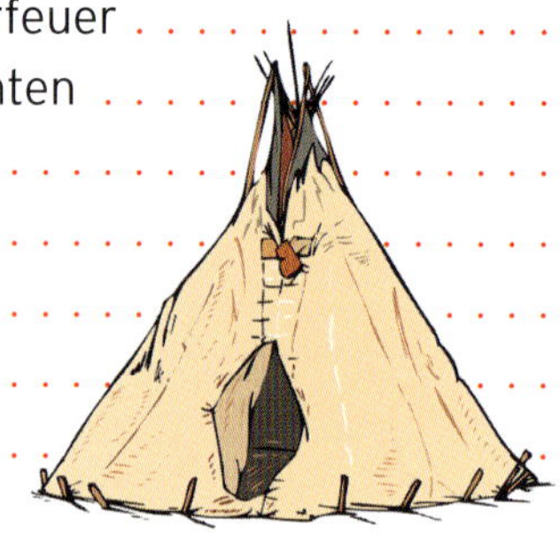

Basteln & Bauen

Homezone

Freizeit & Hobby

Kreativität

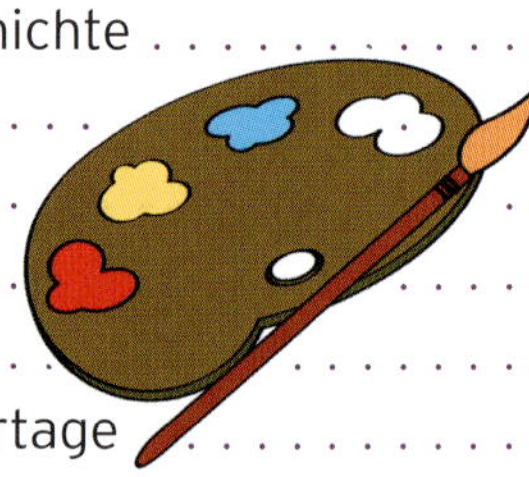

Natur & Wildlife

School is cool

Just for fun

Sport & Action

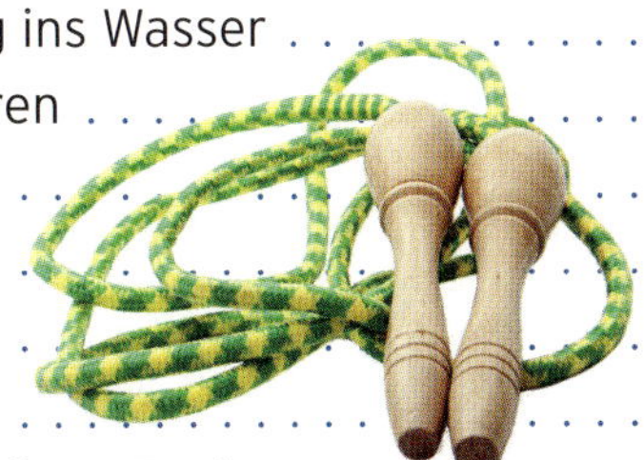

So allerlei

Extras

Was ein Alleskönner braucht

Was nützen dir all deine tollen Tricks und Kenntnisse, wenn du nicht die richtige Ausrüstung dabei hast? Hier eine Checkliste mit allen Dingen, die du immer griffbereit haben solltest. So bist du gut gewappnet:

Immer gut

- [ ] Bindfaden
- [ ] Kaugummi
- [ ] Klebeband
- [ ] Notizblock mit Stift
- [ ] Papiertaschentücher
- [ ] Pflaster
- [ ] Plastiktüte
- [ ] Schere
- [ ] Sicherheitsnadel
- [ ] Taschenmesser/Multifunktionswerkzeug
- [ ] Regenschutz
- [ ] Rettungsdecke
- [ ] Seil
- [ ] Sonnencreme
- [ ] Streichhölzer (wasserdicht verpackt)
- [ ] Taschenlampe
- [ ] Trillerpfeife
- [ ] Viel zu trinken

Für Expeditionen

- [ ] Angelhaken
- [ ] Blasenpflaster
- [ ] Draht
- [ ] Eiserne Ration (zusätzlich zum normalen Proviant)
- [ ] Erste-Hilfe-Päckchen
- [ ] Halstuch/Schal (am besten alt, damit man es/ihn auch zweckentfremden kann)
- [ ] Kompass
- [ ] Landkarte
- [ ] Lupe
- [ ] Große Plastikplane
- [ ] Proviant

Auch oft nützlich

- [ ] Fernglas
- [ ] Fotoapparat
- [ ] Handy
- [ ] Kalender
- [ ] Karabiner
- [ ] Kerzen
- [ ] Kleingeld
- [ ] Nadel und Faden
- [ ] Spiegel
- [ ] Uhr

So funktioniert es besser!

Du wärst so gern ein toller Alleskönner, doch du schaffst es einfach nicht? Kein Grund, frustriert zu sein! Wenn es so einfach wäre, dann wäre es ja gar nichts Besonderes, ein Alleskönner zu sein. Manchmal muss man nur ein paar Tricks kennen, aber bei vielen Sachen muss man auch richtig üben, bis man sie beherrscht. So schaffst du es, motiviert zu bleiben:

Mit Geduld und Übung kannst du alles erreichen.

Setze dir Ziele!

Manche Kinder probieren mal das aus, mal jenes. Und dann verlieren sie die Lust und am Ende haben sie gar nichts erreicht. Besser ist es, wenn du dir ein ganz konkretes Ziel setzt. Zum Beispiel: „Ich will Einrad fahren lernen." Vielleicht arbeitest du auch noch auf einen Termin hin: „An meinem Geburtstag will ich alle damit überraschen."

Fange mit etwas Leichtem an!

Auch, wenn es nicht schwer ist: Wenn du etwas geschafft hast, freust du dich. Und diese Freude hilft dir dann, auch mit schwierigeren Dingen fertig zu werden. Du weißt ja, dass du es kannst.

Setze dir ein Ziel und gehe es an!

Freue dich über Fortschritte!

Bei schwierigen Sachen dauert es oft ganz schön lange, bis man sie kann. Deshalb solltest du auf dich stolz sein, wenn du kleine Fortschritte gemacht hast. Ärgere dich nicht, dass du noch nicht so gut Schlittschuh laufen kannst wie deine Freunde, sondern freue dich, dass du dich nicht mehr festhalten musst und kaum noch hinfällst.

Nimm dir nicht zu viel auf einmal vor!

Manche Kinder wollen alles auf einmal: Einradfahren lernen, Schlittschuhlaufen, Kochen und, und, und ... Aber das funktioniert meistens nicht gut. Nimm dir deshalb nur ein oder höchstens zwei Dinge gleichzeitig vor. Wenn du die kannst, ist Zeit, dir etwas Neues zu suchen.

Lerne zusammen mit deinen Freunden!

Gemeinsam macht es einfach mehr Spaß. Wenn du dir etwas zusammen mit deinen Freunden vornimmst, werdet ihr viel leichter und schneller ans Ziel kommen.

Freue dich auch über kleine Erfolge!

So schreibst du eine Geschichte

Du hast eine blühende Fantasie und liebst es, spannende Geschichten zu erzählen? Schreibe sie auf, dann haben viele Leute etwas davon. Vielleicht wirst du damit berühmt oder gewinnst einen Preis.

Suche dir einen bequemen Platz und schreibe eine Geschichte.

Das Grundgerüst

Überlege dir ein Thema für die Geschichte, mit dem du dich auskennst, zum Beispiel Schule oder Fußball, und entscheide, wo und wann die Geschichte spielen soll.

Als Nächstes entwirfst du eine Figur, die mitspielt. Sie kann ein Mensch, aber auch ein Tier sein. Diese Gestalt stattest du mit Eigenschaften aus: Ist sie nett, ängstlich oder ein wilder Typ? Je genauer das Bild von ihr in deinem Kopf ist, desto glaubwürdiger wird sie, wenn du sie beschreibst.

Die Handlung

Selbstverständlich muss die Geschichte eine Handlung haben. Besonders interessant ist es, wenn die Hauptperson auf andere Personen trifft, die sich stark von ihr unterscheiden. Damit kannst du Spannung erzeugen.

Um eine Idee für die Figur, die Handlung und das Umfeld zu bekommen, solltest du dich in deiner Umgebung umsehen. Du kannst Eigenschaften von Freunden oder Verwandten zum Vorbild nehmen, sie mit denen anderer Menschen mischen oder etwas frei erfinden. Selbst erlebte Ereignisse schmückst du aus oder verlegst sie in eine andere Umgebung.

Der Schreibstil

Beim Schreiben genießt du viele Freiheiten. Du kannst als „Icherzähler" schreiben, als würde jemand über sich selbst sprechen. Oder du schreibst aus der Vogelperspektive in der dritten Person, bei der der Erzähler viel mehr weiß als die Handelnden. Dabei „schwebt" der Erzähler quasi über dem Geschehen.

Du kannst in der Vergangenheits- oder der Gegenwartsform schreiben. Letztere ist lebendiger, der Leser fühlt sich mittendrin. Entwickle nicht zu komplizierte Handlungen, das kann den Leser verwirren.

Tipp
Wer viel liest, bekommt ein Gespür für gute Geschichten. Schreibe zur Übung Ereignisse in Briefen oder in einem Tagebuch auf.

Lies viel und lass dich davon inspirieren.

Taschengeld aufbessern

Wer sein Taschengeld aufbessert, kann sich tolle Extrawünsche erfüllen: einen Besuch im Kino zum Beispiel oder ein leckeres Eis.

Grundsätzlich gilt, dass Kinder unter 15 Jahren laut Gesetz nicht arbeiten dürfen. Es gibt aber Ausnahmen, die es dir ermöglichen, etwas dazuzuverdienen. Besonders Nachbarn und ältere Menschen freuen sich über Hilfe. Hab nur Mut, sie zu fragen, ob sie einen kleinen Job für dich haben.

Dein Sparschwein leidet an Unterernährung? Es gibt viele Möglichkeiten, dein Taschengeld aufzubessern.

Unkraut zupfen

Guck mal in die Gärten deiner Nachbarn. Zwischen schönen Blumen kommt immer wieder Unkraut hervor. Lass dir zeigen, wo sich das unschöne Gewächs seinen Weg gebahnt hat. Wichtig beim Zupfen ist, dass du das Kraut ganz unten anpackst, wo es aus dem Boden kommt. Du musst nämlich die Pflanze samt ihrer Wurzel herausziehen. Sonst wächst das Unkraut nach!

Hunde ausführen

Du magst Hunde? Dann ist der Job als Hundesitter genau das Richtige! Sprich ein paar Hundebesitzer an. Du kannst ihnen anbieten, mit dem Hund Gassi zu gehen. Wichtig

Als Hundesitter kannst du dir etwas dazuverdienen.

ist, dass der zu betreuende Hund gut erzogen ist. Er muss an der Leine folgen und darf nicht ziehen, sonst kannst du ihn nicht unter Kontrolle halten. Fass die Leine bei Gefahrensituationen (zum Beispiel bei Straßenüberquerungen oder wenn sich ein anderer Hund nähert) möglichst kurz.

Einkaufen gehen

Ältere Leute sind manchmal schlecht zu Fuß und scheuen sich davor, jeden Tag und bei jedem Wetter einkaufen zu gehen. Vielleicht sind sie froh, wenn du kleinere Besorgungen für sie erledigst! Sie müssen nur aufschreiben, was du einkaufen sollst, oder dir die leeren Verpackungen zeigen. Meist darfst du einen Teil des Wechselgeldes als Lohn behalten.

TOGGO CLEVER CLUB

www.toggo-cleverclub.de

Im TOGGO-CleverClub findest du im Bastelbereich nicht nur Bastelanleitungen für Spardosen, auch Kim Possible ist hier auf „Mission Taschengeld"! Mehr Infos zum Club im Vorwort auf Seite 3!

So bastelst du einen Papierflieger

Wolltest du schon immer Flugzeugkonstrukteur werden? Um Flugzeugbau zu deinem Beruf zu machen, musst du jahrelang studieren und lernen. Einen flinken Papierflieger zu bauen, ist gar nicht so schwer und dauert nicht lange. Du brauchst nur ein Blatt Papier.

Das richtige Papier

Am besten funktioniert das Basteln deiner Flugobjekte mit einem DIN-A4-Blatt. Kopierpapier ist besonders gut. Ungeeignet dafür sind zu dünne Papiersorten (Zeitungspapier, Geschenkpapier) und zu dicke Papierarten (Pappe). Verzieren, bemalen oder bekleben (zum Beispiel mit Aufklebern) kannst du den Flieger nach Lust und Laune, allerdings solltest du keine Wasserfarben benutzen.

Papier falten

Beim Falten ist wichtig, dass du nach Anleitung Schritt für Schritt das Papier falzt und die Falz mit dem Fingernagel, einem Bleistift oder Lineal nachziehst. Die Ecken deines Fliegers sollten schön gerade sein und keine Knicke haben. Versuche, supergenau beim Falten zu sein, denn nur so ist erstklassiges Fliegen gesichert.

Der Gleiter

- Erst knickst du das DIN-A4-Blatt längs in der Mitte und faltest es nach dem Falzen wieder auseinander (siehe Bild 1).
- Dann faltest du die beiden oberen Ecken nach vorn bis zur Mittelfalz (siehe Bild 2).
- Anschließend knickst du die beiden oberen schrägen Seiten bis zur Mittelfalz (siehe Bild 3).
- Danach klappst du die beiden Flügel aufeinander und überprüfst, ob beide genau übereinander liegen.
- Zum Schluss faltest du die beiden Flügel einfach nach außen. Die Falz in der Mitte sollte ungefähr halb so groß sein wie die einzelnen Flügel (siehe Bild 4).
- Wenn du möchtest, kannst du die äußeren Enden der Flügel leicht nach unten knicken. Experimentiere einfach ein wenig, bis dein Gleiter besonders weit und elegant fliegt.

1.

2.

3.

4.

Der Skyshuttle

- Zuerst knickst du die rechte obere Ecke des Papiers über die linke Seite. Falze dann die entstehende Diagonale und klappe die Ecke wieder zurück. Mache das Gleiche mit der linken oberen Ecke (siehe Bild 5).

- Drücke nun die beiden seitlichen Dreiecke leicht nach innen und klappe das obere Dreieck nach unten. Dadurch erhältst du eine Form, die an ein Haus erinnert (siehe Bild 6).
- Falte jetzt das Flugzeug in der Mitte, falze es und klappe es wieder auseinander. Nimm die linke untere Ecke des Dreiecks (des „Dachs") und klappe es auf die obere Spitze. Mache dann das Gleiche mit der rechten Ecke.
- Anschließend klappst du die äußeren Ecken der beiden oberen kleinen Dreiecke in die Mitte (siehe Bild 7).
- Klappe das Flugzeug in der Mitte zusammen und beginne mit dem Bau der Tragflächen.
- Knicke die Flügel entlang dem Kopf des Flugzeuges nach unten. Dann klappst du die untere Hälfte wieder zurück nach oben.
- Stelle die Flügel deines Fluggeräts jetzt waagerecht (siehe Bild 8).
- Der Shuttle ist nahezu unverwüstlich und trotzdem schnell.

5.

6.

7.

8.

Der Segler

- Die Querseite des Papierblattes knickst du etwa zwei Zentimeter um. Diesen Schritt wiederholst du siebenmal. Es ist wichtig, dass du sorgfältig falzt (siehe Bild 9).
- Drehe das Papier um, sodass das Eingeknickte unten liegt. Falte das Blatt nun längs in der Mitte zusammen (siehe Bild 10).
- Jetzt beginnst du mit den Tragflächen: Klappe den ersten Flügel zwei Zentimeter oberhalb der Mittelfalz zurück, sodass er waagerecht steht.
- Das Gleiche machst du nun mit dem anderen Flügel (siehe Bild 11).
- Der Segler ist nicht das coolste Modell, aber er fliegt gut über weite Strecken.

9.

10.

11.

Selbstverteidigung

Was tun, wenn dich jemand angreift? Die beste Lösung ist, sich loszureißen, wegzulaufen und um Hilfe zu rufen. Das ist vielleicht uncool, aber den Helden zu spielen, kann leicht sehr gefährlich werden. Aber es gibt natürlich Tricks, wie man sich wehren kann, wenn Weglaufen nicht möglich ist.

In manchen Situationen ist es gut, sich wehren zu können.

Treten, Beißen, Boxen

Wenn dich jemand angreift, ist das eine miese Sache. Also kannst du dich auch mit allen miesen Tricks wehren. Beiße den Angreifer daher zum Beispiel in die Hand, wenn du sie erreichst! Aber nicht zaghaft, sondern mit aller Kraft!

Selbstverteidigung kannst du auch bei vielen Kampfsportarten erlernen.

Tritt ihm mit aller Wucht auf den Fuß oder gegen das Schienbein! Ramme ihm dein Knie, deinen Ellenbogen oder deinen Kopf in den Magen oder gegen den Solarplexus. Das ist eine ganz empfindliche Stelle unterhalb der Rippen. Schlage ihm gegen die Kehle! Pieke ihm in die Augen!

Schwächen ausnützen

Versuche immer, einen deiner stärksten Körperteile gegen einen möglichst schwachen des Angreifers einzusetzen. Verpasse ihm einen Kinnhaken, indem du in die Knie gehst und deinen Kopf gegen seine Kinnspitze rammst.

Wehre ihn mit den Füßen ab, nicht mit den Armen, wenn du am Boden liegst. Denn du kannst viel stärker zutreten als -schlagen. Versuche nicht seine Hand zu lösen, wenn er dich festhält, sondern biege ihm den kleinen Finger oder den Daumen um. Gute Tricks kannst du auch in einem Judo- oder Jiu-Jitsu-Kurs lernen.

Immer schön schreien

Brülle während deiner Gegenwehr die ganze Zeit, was deine Lunge hergibt. Schreie so laut um Hilfe, wie du kannst.

Nur für die Verteidigung!

All das sind keine Tipps für die nächste Rauferei mit einem anderen Kind, sondern nur wenn dich jemand Stärkeres ernsthaft angreift. Bei einem Streit darfst du unter gar keinen Umständen jemanden in den Bauch schlagen oder gar treten. Das kann nämlich zu lebensgefährlichen Verletzungen führen.

So hältst du dein Zimmer ganz leicht in Ordnung

Aufräumen – wie schrecklich! Denkst du das auch? Doch ab und zu muss man das eben erledigen. Allerdings sollte man trotzdem nicht mehr Zeit als nötig darauf verschwenden.

Chaos im Kinderzimmer!

Wohin damit?

Am wichtigsten ist es zu wissen, wo was hingehört. Jede Sache in deinem Zimmer sollte einen eigenen Platz haben. Wenn du erst überlegen musst, wo du etwas verstaust, wird Aufräumen wirklich schrecklich. Im besten Fall räumst du jedes Spielzeug wieder weg, bevor du dir etwas Neues holst.

Viele bunte Kisten

Am einfachsten geht Aufräumen, wenn du große Kisten hast, in die du die Sachen einfach hineinwerfen kannst. Das macht aber nur Sinn, wenn du wirklich nur die Dinge hineintust, die in diese Kiste gehören. Sonst findest du sie nicht mehr so schnell wieder, wenn du sie benötigst. Du kannst die Behältnisse auch schön gestalten. Wie wäre es, wenn du auf die Lego®-Kiste tolle Bilder aus dem Lego®-Katalog klebst?

So wird Aufräumen kinderleicht.

Mit Musik

Aufräumen geht leichter, wenn du dazu Musik hörst. Vielleicht erlauben es dir deine Eltern, sie während des Aufräumens ausnahmsweise etwas lauter zu stellen, damit du mit noch mehr Schwung arbeitest.

Betten machen

Zu Hause bezieht immer deine Mutter dein Bett? Doch was machst du, wenn du mit deiner Klasse ins Schullandheim fährst? Hier die richtige Vorgehensweise:

Da das Beziehen von Bettdecken mit kurzen Armen wirklich etwas knifflig ist, arbeiten clevere Kids zu zweit. Erst dreht ihr den Bettbezug so, dass die Nähte außen sind. Dann greift einer hinein und fasst mit jeder Hand eine der unteren Ecken und durch den Bezug hindurch auch zwei Ecken der Decke. Während er gut festhält, zieht der andere den Bezug über die Decke und knöpft dann unten zu. Fertig!

TOGGO CLEVER CLUB
www.toggo-cleverclub.de

Mehr Aufräumtricks im Bastelbereich des TOGGO-CleverClubs! Mehr Infos zum Club im Vorwort auf Seite 3!

Malen und Zeichnen

Miss dich nicht mit Picasso – malen kannst auch du! Mit Farbe, Stiften oder Pinsel wird aus einem Blatt Papier ein Kunstwerk. Das Beste ist: Deiner Fantasie sind keine Grenzen gesetzt. Hier sind ein paar Anregungen, damit dir Malen und Zeichnen noch mehr Spaß bringen.

Wasserfarben

Je nach Größe des Pinsels eignen sich die Farben zum großflächigen und feinen Malen. Mehrere Farbtöne lassen sich gut übereinander schichten. Nimm zuerst die helleren, dann die dunkleren Farben. Sie müssen nicht immer vollständig trocknen, sondern können ineinander verlaufen. Das ergibt ein tolles Design.

Bunte Wasserfarben

Nicht nur mit dem Pinsel kannst du tolle Bilder malen, sondern auch mit anderen Hilfsmitteln:

Strohhalm

Verteile einige Kleckse Wasserfarbe auf ein Blatt Papier. Dann puste mit dem Strohhalm kreuz und quer über das Blatt und verteile so die flüssige Farbe. Mit mehreren Farben wird das Bild besonders schön.

Zahnbürste

Benutze eine ausrangierte Zahnbürste als Pinsel. Tauche sie zuerst ins Wasser und tränke sie dann mit Farbe. Fahre mit dem Daumen nun über die Borste, sodass die Farbe auf das Papier spritzt. Diese Technik ist besonders spaßig, aber pass auf, dass du dich und den Malplatz nicht zu sehr bekleckerst.

Buntstifte

Mit Buntstiften kannst du ganz fein und exakt zeichnen. Mit kleinen Handbewegungen malst du genauer und nicht so krakelig. Wenn es dir schwerfällt, Flächen gleichmäßig auszumalen, kannst du mit einem Taschentuch nachhelfen.

Mit Buntstiften lassen sich tolle Kunstwerk zeichnen.

Verwische damit die Farbe bis zum Rand. Nimm jedoch nicht den Finger, sonst können Fettflecken entstehen. Verunglückt dir mal ein Strich, hilft ein Radierstift.

Um zeichnen zu lernen, nimm dir ein gezeichnetes Bild als Vorlage. Versuche, es haargenau abzuzeichnen, am besten mit einem feinen Bleistift. Das ist eine gute Übung und hilft dir, bald eigene Motive zu erstellen.

Mit einer Zahnbürste kannst du Farbe aufs Papier spritzen.

Wachsmalkreide

Wachsmalkreiden sind bei kleineren Kindern beliebte Stifte, weil sie gut in der Hand liegen und sich für große Flächen eignen. Es sind kräftige Farben, die ideal decken.

Du kannst Wachsmaler mit einem Anspitzer spitzen, um Ecken und Ränder leichter auszumalen. Tatsächlich findet sich in ihnen Wachs, meist Bienenwachs als Bindemittel.

Wachsmalkreiden sind knallbunt und liegen gut in der Hand.

Kreide

Mit Straßenkreide lassen sich Gehwege und Bürgersteine mit bunten Bildern und Mustern verschönern. Da Kreide ein Naturprodukt ist, verschmutzt sie nicht die Umwelt. Wenn du nicht gerade fremdes Privateigentum verzierst, gibt es für die Nachbarn keinen Grund zur Beschwerde. Denn mit Wasser oder beim nächsten Regenschauer geht alles wieder weg.

Ich und mein schönstes Kunstwerk! ______________ Datum

Collage

Liebst du es zu schnippeln und zu kleben? Dann ist das Erstellen einer Collage (ein aus verschiedenen Materialien geklebtes Bild) genau das Richtige für dich. Mit den unterschiedlichsten Materialien, die dein Zimmer, die Wohnung oder der Garten hergeben, kreierst du nach Lust und Laune ein Bild.

Als Material eignen sich: Zeitungsschnipsel, bunte Papierstücke, Fotos, Aufkleber, Knöpfe, bunte Blätter im Herbst, Baumrinde, Federn, Wolle oder Stoffreste.

Klebe deine ausgesuchten Materialien auf ein Blatt Papier. Überlege dir, ob es ein abstraktes Werk oder ein Bild zu einem Thema, beispielsweise eine Landschaft, eine Jahreszeit oder Essen, werden soll. Mit Stiften kannst du zusätzlich etwas auf das Bild malen oder schreiben.

Bleistift

Sind dir schon einmal die Buchstaben B und H aufgefallen, die üblicherweise auf den Bleistiften stehen? Sie geben den Härtegrad der Mine an. Ein B kennzeichnet weiche Stifte, mit denen du großflächig malen kannst. Zum Zeichnen von ganz feinen und exakten Strichen eignen sich Bleistifte mit dem Buchstaben H, ihre Mine ist hart. Steht auf deinem Bleistift HB, ist er ideal zum Schreiben und lässt sich gut ausradieren.

So machst du einen Kopfstand

In nicht einmal einer Sekunde kannst du die Welt komplett auf den Kopf stellen! Wie das geht? Verändere einfach deine Perspektive und stell dich auf den Kopf!

Und so gehts

Am besten lässt sich der Kopfstand vor einer freien Wand üben. Dafür benötigst du nur etwas Platz und ein kleines Kissen.

Alles steht auf dem Kopf!

Lege das Kissen mit einer Kante an die Wand. Nun gehst du davor in die Hocke und positionierst deine Handflächen links und rechts neben dem Kissen auf dem Boden. Deine Fingerspitzen zeigen zur Wand.

Lege anschließend deinen Kopf auf das Kissen und strecke die Beine durch. Nun musst du nur noch die Beine nach oben schwingen und schon stehst du auf dem Kopf!

Beim Kopfstand sind die Beine in der Luft gestreckt, die Ellenbogen eingeknickt und das Körpergewicht wird von der Fläche zwischen Stirn und Hinterkopf getragen. Wenn du einen sicheren Stand erreicht hast, wiederhole die Übung. Vielleicht schaffst du es, diesmal auf die Wand zu verzichten? Lege aber vorsichtshalber Matten oder Decken aus.

So gelingt dir ein Handstand

Beim Handstand lastet das Körpergewicht nicht auf dem Kopf, sondern auf den Händen. Daher erfordert dieses Kunststück etwas mehr Kraft und Ausdauer als ein Kopfstand.

Und so gehts

Bei den ersten Versuchen solltest du wieder die Wand zu Hilfe nehmen. Gehe in die Hocke und platziere die Hände so, dass der Abstand zwischen deinen Fingerspitzen und der Wand etwa drei Zentimeter beträgt.

Die Arme sind durchgestreckt, die Knie dazwischen ganz locker eingeklemmt. Jetzt streckst du die Beine durch, lehnst dich mit dem Hinterkopf und den Schultern gegen die Wand. Hole mit einem Bein aus und wirf es mit viel Schwung nach oben. Das andere Bein wird flink nachgezogen.

Dein Handstand ist perfekt, wenn du die Wand nicht mehr als Stütze benötigst. Dann hast du die richtige Balance gefunden und kannst einen Test in freiem Gelände wagen.

Beim Handstand stützt du dich auf den Händen ab.

So fängst du Fische

Würdest du gern angeln? Leider gibts da ein Problem. Angeln darf in Deutschland nur, wer einen Angelschein hat. Dafür muss man mindestens zwölf Jahre alt sein und einen Kurs machen, in dem man lernt, wie man angelt, ohne die Fische unnötig zu quälen. Aber man braucht nicht unbedingt eine Angel, um Fische zu fangen.

Hast du einen Fisch mit dem Kescher gefangen, gib ihn in einen Eimer mit Wasser, um ihn dort zu beobachten.

Nicht essen, nur anschauen

Auch mit einem Kescher lassen sich Fische fangen. Der Vorteil: Du verletzt die Tiere dabei nicht, wie es bei einem Angelhaken der Fall wäre. Wenn du einen Fisch gefangen hast, musst du ihn sofort in ein Gefäß mit Wasser geben, denn jeder Moment an der Luft quält ihn. Im Gefäß kannst du den Fisch dann eine Weile beobachten. Danach lässt du ihn wieder frei.

Fische töten?

Wenn du wirklich etwas gefangen hast, musst du den Fisch entweder sofort wieder ins Wasser werfen oder ganz schnell töten. Wie das Töten geht, kannst du nicht aus Büchern lernen. Das muss dir jemand mit Erfahrung zeigen.

Angelspaß im Urlaub

Wenn du richtig angeln willst, dann musst du auf den Urlaub warten. Denn in manchen Ländern wie Skandinavien braucht man keinen Angelschein. Jeder darf angeln. Zumindest im Meer. Bei Seen und Flüssen muss man immer den Besitzer fragen und meistens eine Gebühr zahlen.

Angeln im Urlaub macht Spaß.

Selbst gebaut

Wenn sich nun im Urlaub eine Möglichkeit zum Angeln bietet, kannst du dir ganz leicht selbst eine Angel bauen. Nimm einen langen Stock und befestige daran eine lange, möglichst dünne Schnur. Kurz vor dem Ende der Schnur knotest du einen Korken fest, damit dein Haken nicht zu tief sinkt. Für Letzteren eignet sich ein gebogener Nagel. Du kannst auch noch einen Köder daran spießen. Das muss kein Tier wie Regenwurm oder Fliege sein. Du kannst auch ein blinkendes Stück Aluminium oder einen wurmähnlichen Weichgummi nehmen.

Kartentricks

Man muss Kartentricks gar nicht so lange einüben, sondern sich einfach nur gut vorbereiten! Für alle Tricks benötigst du ein Kartenspiel mit Herz, Karo, Pik und Kreuz (Skatblatt).

Kartentricks sind auf jeder Party der Renner.

Symboltrick

Sortiere die Karten vor: Auf einen Haufen kommen nur die Karten mit Karo und Kreuz, auf den anderen die mit Herz und Pik. Beide Stapel legst du auf den Tisch. Dein Gegenüber soll sich einen Haufen aussuchen.

Nimm den gewählten Stapel, fächere ihn verdeckt auf und lasse den Gegenspieler eine Karte ziehen. Er soll sich die Karte merken und sie in den zweiten Stapel stecken. Mische den zweiten Stapel seelenruhig durch – trotzdem wirst du die ausgesuchte Karte finden.

Der Trick

Wenn dein Gegenüber eine Karte aus dem Karo- und Kreuzstapel gezogen hat und diese danach in den Herz- und Pikhaufen steckt, wird sie dir dort sofort auffallen. Das funktioniert natürlich auch umgekehrt.

Die Zauberkarte

Alle Karten liegen mit dem Bild nach unten ordentlich auf einem Stapel – einzige Ausnahme: Die unterste Karte zeigt mit dem Bild nach oben. Das kann das Publikum aber natürlich nicht sehen.

Dein Publikum wird aus dem Staunen nicht mehr herauskommen.

Fächere nun den Stapel auf, die Bilder zeigen weiterhin nach unten. Wichtig ist: Du darfst die untersten zwei Karten nicht auffächern, sonst weiß jeder, dass eine Karte falsch herum liegt.

Dein Gegenspieler

Bitte deinen Gegenspieler, eine der verdeckten Karten herauszuziehen und sie sich anzusehen. Währenddessen schiebst du den Fächer schnell wieder zu einem Haufen zusammen und drehst diesen unbemerkt um. Die gezogene Karte wird wieder verdeckt an beliebiger Stelle in den Stapel geschoben.

Pure Magie

Jetzt ist es Zeit für ein paar geheimnisvolle Gesten! Versuche dabei, den Stapel unauffällig ein weiteres Mal geschickt umzudrehen. Anschließend kannst du die Karten von oben weg vorsichtig auffächern. Die gezogene Karte wird sofort auffallen, denn sie liegt zur Verblüffung des Publikums falsch herum im Fächer, nämlich mit der Symbolseite nach oben!

Die magische Quersumme

Um diesen Trick anwenden zu können, musst du wissen, was eine Quersumme ist. Wenn man bei einer Zahl (zum Beispiel 62) die einzelnen Ziffern zusammenzählt (6+2), erhält man die Quersumme (8).

Suche dir vorab eine Karte aus. Wie wäre es mit dem Herzass? Sorge dafür, dass dein Herzass in einem Stapel die zehnte Karte von oben ist.

Zeige nun dem Publikum den bunten Kartenfächer. Schiebe den Fächer wieder zu einem Stapel zusammen, die Symbolseiten liegen verdeckt nach unten. Was aber keiner weiß: Du kennst bereits das Symbol der zehnten Karte von oben!

Wirst du deine Zuschauer auch durch diesen Kartentrick verblüffen können?

Die richtige Zahl

Eine Person aus dem Publikum soll dir eine Zahl zwischen 10 und 19 zurufen (zum Beispiel 13). Jetzt nimmst du von oben Karte für Karte von deinem Stapel weg und bildest mit 13 Karten einen zweiten Haufen.

Wenn 13 Karten auf dem neuen Stapel liegen, kommt der nächste Schritt: Du musst die Quersumme von 13 bilden (1+3 = 4). Das Ergebnis dieser Rechnung zeigt dir an, die wievielte Karte von oben das Herzass ist.

Vom neuen Stapel kannst du also die obersten drei Karten aufdecken. Sei gewiss: Die vierte Karte wird dein Herzass sein! Die verblüfften Zuschauer glauben sicher, du kannst hellsehen.

Die goldenen Kartentrick-Regeln

1. Jeder Zauberkünstler muss viel reden und ein paar Gesten einstudieren. Wedle beispielsweise mit dem Kartenfächer durch die Luft. Das Publikum wird dadurch abgelenkt.

2. Zeige einen Trick immer nur einmal. Schon beim zweiten Mal gucken die Zuschauer dir genauer auf die Finger und können dir leichter auf die Schliche kommen.

3. Übe den Umgang mit Karten. Präge dir die Symbole genau ein. Herz und Karo sind immer rot, Pik und Kreuz schwarz. Pik sieht ein wenig aus wie ein umgedrehtes Herz. Du musst das Auffächern ebenso wie das Mischen etwas üben.

Übe den Umgang mit den Karten.

Auf Kommando rülpsen

Hierzulande gilt es als sehr unfein, laut zu rülpsen. Anders ist es in Indien: Ein Rülpser nach dem Essen zeigt an, dass sich der Gast wohlfühlt. Nur schnäuzen, das sollte man dort am Tisch auf gar keinen Fall. Die Inder empfinden das nämlich als unhöflich.

Auf Kommando rülpsen – das kann nicht jeder!

Und so gehts

Atme tief ein und versuche, die eingeatmete Luft herunterzuschlucken. Wenn es nicht gleich mit dem Aufstoßen klappt, musst du noch mehr Luft schlucken. Versuche es dann auch damit, die Zunge oben gegen den Gaumen zu drücken.

Falls das alles nichts hilft, kommt hier noch ein ultimativer Tipp: Beim Essen viel reden. Anschließend kannst du rülpsen wie ein Weltmeister!

Geheimwaffe Sprudelwasser
Trinke ein großes Glas Mineralwasser mit Kohlensäure. Kaum ist das Getränk in deinem Magen angekommen, steigen die Luft und das Gas im Wasser wieder nach oben. Sie entweichen durch die Speiseröhre und zack, schon kommt der Rülpser!

Mit den Achseln furzen

Den Achselfurz musst du etwas üben. Wer die Bewegung so ausführen kann, dass keiner etwas mitbekommt, kann großen Unfug anstellen. Beobachte die anderen, wenn sie das peinliche Geräusch hören – kann sein, dass der eine oder andere rot wird, obwohl er gar nicht der Verursacher war.

Und so funktionierts

Krümme deine rechte Hand so, dass eine Wölbung entsteht. Presse nun die Hand an den Oberkörper, und zwar genau unter die linke, nackte Achsel. Achte darauf, dass deine Hand weiterhin einen Hohlraum bildet. Jetzt nimmst du den linken Arm nach oben und drückst ihn mit einem Ruck wieder nach unten an den Körper. Der Arm ist dabei angewinkelt.

Das Ganze sieht aus, als schlüge ein Hühnchen mit dem Flügel. Dem Profi reicht nur diese eine Bewegung, um einen Achselfurz zu erzeugen. Falls es nicht gleich gelingt, wiederhole das Ganze mehrere Male – je schneller, desto besser.

Täusche mit einem gekonnten Achselfurz einen echten vor.

Die perfekte Maskierung

Möchtest du in eine andere Rolle schlüpfen, vielleicht ein gejagter Gangster, ein Drache oder ein Vampir sein? Mit passenden Kostümen und etwas Schminke kannst du deine Fantasie ausleben oder Theater spielen. Dabei helfen dir diese Vorschläge.

Das passende Kostüm und schon kannst du in eine andere Rolle schlüpfen.

Kostüme

Mit Brillen, Hüten, Kopftüchern, Perücken, Schmuck und schrägen Frisuren kannst du dich fix verändern. Für die Kleidung stöberst du auf dem Dachboden, im Keller oder auf Flohmärkten. Vielleicht haben Oma und Opa noch interessante Modelle im Schrank. Oft tut es ein altes Bettlaken oder Oberhemd, das du bemalen oder umgestalten kannst. Konkrete Ideen dazu findest du auch auf Seite 78.

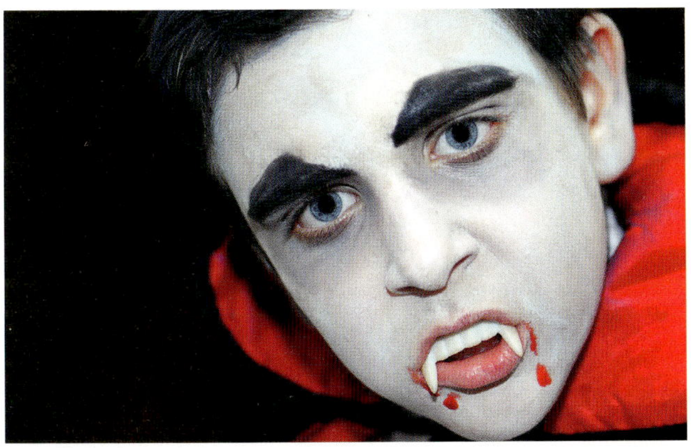

Bei manchen Kostümen ist Kunstblut vonnöten.

Schminke

Es ist nicht ratsam, Muttis Schminkkoffer zu plündern. Für Kinder wie für Profis eignet sich Theaterschminke am besten. Sie trocknet schnell, hält lange und lässt sich mit Wasser und einer Waschlotion gut abnehmen.

Kunstblut

Spielst du einen Kranken oder willst du andere mit schlimmen Wunden einfach nur schocken? Dann brauchst du selbst gemachtes Blut.

Für einen halben Liter Blut benötigst du einen Liter Wasser, drei Esslöffel Mehl, ein Fläschchen rote Lebensmittelfarbe, einen Teelöffel gelbe Lebensmittelfarbe und drei Tropfen blaue Lebensmittelfarbe.

Und so gehts

Gib das Wasser mit dem Mehl in einen Topf und bring es zum Kochen. Das Ganze lässt du bei mittlerer Hitze etwa eine Dreiviertelstunde kochen. Damit keine Klümpchen entstehen, solltest du immer wieder mit einem Schneebesen umrühren.

Ist die Flüssigkeit zur Hälfte verkocht, nimm den Topf vom Herd. Nun fügst du unter Rühren die Lebensmittelfarben hinzu. Lass das Blut abkühlen und einige Stunden ruhen, am besten über Nacht. In einer Flasche lässt es sich gut im Kühlschrank aufbewahren. Dann kann es losgehen mit blutigen Verletzungen ohne Schmerzen!

TOGGO CLEVER CLUB
www.toggo-cleverclub.de

Mehr zum Thema Kunstblut bei „Frag WOW" im TOGGO-CleverClub! Du möchtest den Club testen? Den Zugangscode findest du im Vorwort auf Seite 3!

Forschen und Entdecken

Ein Abenteurer zieht einfach in die Wildnis und schaut, was passiert. Ein Forscher ist wie ein Detektiv. Er macht vorher einen Plan, was er eigentlich herausfinden möchte.

Leg dich auf die Lauer und beobachte Tiere in deine Umgebung.

Die Expedition vorbereiten

Nehmen wir an, du willst wissen, welche Tiere rund um den Teich in der Nähe leben. Am besten machst du eine Vorexpedition. Du gehst zum Teich und schaust dir alles mal genau an: Welche Tiere kann man dort erforschen? Fische, Vögel, Insekten, Reptilien, Säugetiere ...

Die nächste Frage ist: Wie kann man welche Tiere erforschen? Für Fische und Insekten braucht man vielleicht einen Kescher, um Säugetiere zu beobachten, muss man sich auf die Lauer legen, Vögel kann man besser hören als sehen ...

Ganz schön viel Ausrüstung!

Wieder zu Hause erstellst du dir eine Liste aller Dinge, die du benötigst: einen Kescher zum Fangen von Fischen und kleinen Landtieren, Bestimmungsbücher, um die Tiere zu erkennen, ein Aufnahmegerät für Vogelstimmen, einen Fotoapparat, Stift und Notizbuch, um Beobachtungen zu dokumentieren, eine Tarnung, genügend Proviant, Regenschutz und etwas Warmes zum Anziehen, ein Handy und eine Notfallausrüstung.

Expertenrat ist immer gut!

Wenn du ganz professionell vorgehen willst, solltest du vor deiner Expedition möglichst viele Erkundungen einholen. Vielleicht kann dir jemand vom örtlichen Naturschutzbund erzählen, welche Tiere es an dem Teich geben könnte und wie man sie am besten beobachtet. Auch der Zeitpunkt ist wichtig. Manche Tiere sind nur in der Nacht oder in der Dämmerung aktiv.

Vorsicht geht vor!

Es ist natürlich Ehrensache, dass ein guter Forscher keine Tiere quält, nichts kaputt macht und keinen Müll in der Natur hinterlässt. Er bringt auch sich selbst nicht in Gefahr, sondern plant vorher alle Schritte ganz genau.

Starte eine Expedition in die Natur!

Pfeil und Bogen

Was hatte ein Indianer immer bei sich? Richtig! Pfeil und Bogen! Damit konnte er schließlich seine Beute erlegen und sich gegen gefährliche Feinde wehren. Weißt du, wie er sein Schießwerkzeug baute? Hier findest du die Anleitung.

Und so gehts

Als Erstes brauchst du ein paar Äste, die zu Pfeil und Bogen verarbeitet werden können. Besonders geeignet dafür ist das Holz von Haselnuss und Esche. Ein Messer, ein Stück Band, Gummibänder, Wattebäusche sowie Stoffreste oder Servietten benötigst du außerdem. Möchtest du die Pfeile verzieren, sind zusätzlich Federn, Filzstifte und Klebstoff erforderlich.

Bastle dir selbst Pfeil und Bogen.

Die Pfeile

Für die Pfeile wählst du dünnere, möglichst gerade Äste. Schabe zuerst mit dem Messer die Rinde ab. Dann kerbst du damit das Ende des Zweiges ein. Der Pfeil hat dadurch besseren Halt auf dem Band des Bogens.

Triffst du mit deinen Pfeilen in die Mitte der Zielscheibe?

Auf die Zweigspitze steckst du einen Watteknäuel und legst darüber ein Stück Stoff oder eine Serviette. Mit einem Gummiband befestigst du nun diese harmlose Pfeilspitze. Zu einem wahren Kunstwerk wird der Pfeil, wenn du ihn mit Filzstiften bemalst und mit Federn beklebst.

Der Bogen

Für den Bogen ist ein kräftigerer Ast nötig, der sich aber trotzdem noch biegen lässt. Alte Äste eignen sich daher nicht gut zum Bogenbauen, sie können leichter brechen. An beiden Enden kerbst du den Ast rundherum ein wenig ein. Dabei lässt du dir am besten von einem großen Häuptling helfen. Ein anderer Erwachsener tut es notfalls auch.

Vorsicht
Auch wenn die Pfeile nicht spitz sind, schieße niemals auf Menschen oder Tiere!

Befestige das Band in der oberen Einkerbung. Dann ziehe es stramm, sodass sich der Ast biegt, und befestige das Band am unteren Ende.

Schwimmen lernen

Wusstest du, dass Säuglinge unter Wasser tauchen können, ohne zu ertrinken? Sie haben einen automatischen Reflex, der die Atemwege verschließt. Doch diese Fähigkeit verliert ein Baby nach einigen Wochen, deshalb muss man das Schwimmen und Tauchen später neu erlernen.

Hurra! Die Schwimmbadsaison ist eröffnet.

Paddeln

Die erste Übung lautet: Lerne, dich über Wasser zu halten! Beobachte einmal, wie Hunde schwimmen – sie paddeln mit allen vieren. Mach es ihnen nach und suche eine Stelle im Becken, bei der dir das Wasser im Stehen knapp über die Schultern geht.

Fang an, unter Wasser gleichzeitig ganz schnell mit den Beinen zu treten und mit den Armen zu rudern. Du wirst sehen: Durch das kräftige Strampeln bleibt dein Kopf über Wasser! Nimm dir am Anfang vor, drei Sekunden lang die Beine nicht auf den Boden zu stellen. Dann steigerst du dich immer um eine weitere Sekunde.

Kraulen

Wenn du dich über Wasser halten kannst, ist es Zeit für den nächsten Schritt: Bewege dich schwimmend vorwärts und zwar in der Kraultechnik!

Die Beinbewegung

Die Beinbewegung ist nicht schwierig. Du kannst sie gut üben, indem du dich mit der Brust auf ein Schwimmbrett legst. Beim Kraulen sind die Beine gestreckt und unter Wasser. Du bewegst sie abwechselnd auf und ab.

Während dein linkes Bein eine Schrittlänge tief eingetaucht ist, befindet sich dein rechtes nur knapp unter der Wasseroberfläche. Nun drückst du das rechte Bein abwärts und das linke aufwärts.

Die Arme

Jetzt sind die Arme dran! Strecke den rechten Arm gerade nach vorn aus und tauche ihn ins Wasser. Drücke die Flüssigkeit nach unten weg. Unter Wasser darf der Ellenbogen dann etwas gekrümmt sein, doch die Finger bleiben stets zusammen. Wie eine Baggerschaufel schiebt deine Hand das Wasser weg.

Wenn sich der rechte Arm wieder in Höhe deines Oberschenkels befindet, ziehst du ihn an, holst nach hinten aus und wirfst ihn über den Kopf wieder nach vorn. Dies erfolgt über Wasser. Zeigt dein Arm wieder ausgestreckt nach vorn, kannst du den nächsten Schwimmzug machen.

Der andere Arm macht die gleiche Bewegung, aber versetzt. Das bedeutet: Während du den rechten Arm unten durchs Wasser ziehst, ist dein linker über der Wasseroberfläche und holt aus.

Profis haben beim Kraulen das Gesicht meist im Wasser. Vor einem Schwimmzug drehen sie den Kopf aber zur Seite und atmen ein.

Kraulen ist gar nicht so einfach – aber mit ein bisschen Übung klappt es.

Brustschwimmen

Beim Brustschwimmen müssen Bein- und Armbewegungen gut aufeinander abgestimmt sein. Der Beinschlag erfolgt in drei Schritten:

Die Beine

1. Die gestreckten Beine werden angezogen, die Fersen bewegen sich in Richtung Po, die Waden berühren die Oberschenkel. Deine gespreizten, angezogenen Beine haben die Position eines kleinen „v".

2. Jetzt musst du deine Beine mit einem Ruck strecken, sodass sie ein großes „V" bilden. Mit dieser Bewegung drückst du dich vorwärts.

3. Führe zum Schluss die gestreckten Beine wieder zusammen.

Führe beim Brustschwimmen die Bewegungen gleichmäßig aus.

Die Arme

Kommst du vorwärts? Dann kannst du die Armbewegung üben. Auch sie wird in drei Schritten ausgeführt, parallel zum Beinschlag.

1. Drücke die Handinnenflächen gegeneinander und winkle die Arme so an, dass deine Hände ganz nahe der Brust sind.

2. Während du dich mit den Beinen abstößt, schnellen deine Arme gerade nach vorn. Nach dieser Bewegung muss dein Körper in einer Linie gestreckt sein.

3. Drehe die Handflächen nach außen und schiebe das Wasser nach links und rechts weg, als ob du es teilen würdest.

Nun bist du wieder in deiner Ausgangsposition und beginnst von vorn: Arme und Beine anziehen, strecken und mit einer ausholenden Bewegung wieder zusammenführen.

Das Seepferdchen-Abzeichen ist geschafft!

Datum

Waschen, bügeln, falten

Kümmerst du dich selbst um deine Kleidung? Du solltest es lernen. Denn es ist viel cooler, etwas richtig zu können, als immer nur die doofen Arbeiten übertragen zu bekommen wie „Bring doch mal den Müll raus!" oder „Hilf mir bitte schnell beim Aufhängen der Wäsche!".

Einfaches Waschen

Alle normalen Kleidungsstücke kann man bei 30 Grad Celsius waschen. Unterwäsche und Handtücher wäschst du dagegen besser bei 60 Grad Celsius. Fülle die Waschmaschine so, dass sie nicht zu voll ist. Miss dann das Waschpulver nach Packungsanleitung ab und gib es in das Waschpulverfach. Wie du das richtige Programm einstellst und die Maschine startest, musst du dir von deinen Eltern zeigen lassen, weil das bei jeder Maschine anders ist.

Lass dir von deinen Eltern zeigen, wie man die Waschmaschine bedient.

Wenn man bügeln kann, macht es richtig Spaß

Cooles Bügeln

Bügeln ist eigentlich richtig cool! Erstens macht es Spaß zu sehen, wie zerknitterte Sachen plötzlich glatt und warm werden, wenn man mit dem Eisen darüberfährt. Zweitens kann man dabei fernsehen. Jedenfalls, wenn man es richtig gut kann. Dazu muss man allerdings ein bisschen üben.

Achtung heiß!

Wie man mit dem Bügeleisen umgeht, muss dir ein Erwachsener zeigen. Ganz wichtig ist: Du darfst nie an die heiße Unterseite fassen und diese auch nirgends einfach abstellen.

Beim Bügeln muss das Gerät ständig bewegt werden, sonst gibt es Brandflecken. Sei deshalb auch nicht böse, wenn dir deine Eltern anfangs noch nicht erlauben, dabei fernzusehen. Denn wenn du wegen des Films das Bügeln vergisst, ist im Nu das Kleidungsstück kaputt.

Schön gefaltet

Pullover und Hemden zu falten ist etwas kompliziert. Du legst sie am besten mit der Vorderseite nach unten hin. Dann schlägst du auf jeder Seite der Länge nach etwa ein Drittel um. Die Ärmel knickst du einmal am Ansatz, sodass sie nach unten zeigen. Nun noch einmal quer falten und alles sorgsam in den Schrank legen.

Briefe und Pakete versenden

Eine SMS oder E-Mail kannst du mit einem Knopfdruck verschicken, aber ein richtiger Brief hat viel mehr Stil und ist persönlicher. Damit er problemlos seinen Empfänger erreicht, musst du Folgendes beachten.

Empfänger

Hast du den Brief geschrieben, in ein passendes Kuvert gesteckt und zugeklebt, beschriftest du die Vorderseite des Umschlags. Auf der rechten Seite schreibst du in der unteren Hälfte die Adresse des Empfängers. Sie besteht aus:

Vor- und Nachname
Straße und Hausnummer
Postleitzahl und Ort

Verschickst du einen Brief ins Ausland, schreibe den Ort in Großbuchstaben und in der Landessprache, zum Beispiel ROMA für Rom. Darunter sollte der Ländername auf Deutsch platziert werden, zum Beispiel ITALIEN.

Wirf den Brief in den Briefkasten.

Absender

Links oben in der Ecke steht der Absender, also dein Name. In der zweiten Zeile die Straße und Hausnummer, darunter die Postleitzahl mit Ort. Falls eine Zustellung des Briefes nicht möglich ist, wird dieser an den Absender zurückgeschickt. Daher ist es immer sinnvoll, vollständige Angaben zu machen.

Porto

Zuletzt wird oben rechts die Briefmarke aufgeklebt. Diese kannst du auf dem Postamt oder aus einem Postwertzeichenautomaten erwerben. Ein Standardbrief bis 20 Gramm innerhalb Deutschlands kostet 0,55 Euro. Ist dein Brief schwerer, größer oder möchtest du ihn besonders versenden, zum Beispiel als Einschreiben, solltest du dich persönlich an einen Postmitarbeiter wenden.

Paket versenden

Ist dein Paket stabil verpackt, hast du mehrere Möglichkeiten, es zu verschicken. Es kommt auf die Größe, das Gewicht und den Inhalt an. Die Post bietet beispielsweise besondere Tarife für Büchersendungen und Päckchen an. Auf das Paket schreibst du wie beim Brief den Empfänger und Absender.

Auf dem Postamt oder bei der DHL-Station füllst du eine Paketkarte aus und lässt von einem Mitarbeiter das Porto ermitteln.

Auf der Post hilft man dir beim Versenden eines Pakets.

Sag das Wetter vorher

Wird es anfangen zu regnen? Diese Frage ist wichtig, wenn man etwas vorhat oder unterwegs ist. Doch wie kann man das ohne Wetterbericht erkennen?

Verräterische Wolken

Wolken bestehen aus Feuchtigkeit und wo Feuchtigkeit ist, kann es regnen. Feine Schleierwolken und weiße Wattebäusche am Himmel sind meistens Schönwetterwolken. Je dunkler Wolken sind, desto wahrscheinlicher bringen sie Regen. Auch wenn Wolken sich sehr schnell bewegen und schnell immer dichter werden, kannst du dir ziemlich sicher sein, dass es bald regnen wird.

Gewitterwolken ziehen auf.

Tiere merken was

Früher glaubte man, am Verhalten eines „Wetterfroschs“ in einem Glas das Wetter ablesen zu können. Doch das funktioniert nicht. Wenn sich aber dein Hund komisch benimmt und ohne sichtbaren Grund sehr unruhig ist, kann das auf ein Unwetter hindeuten. Viele Tiere spüren nämlich, wenn eine Schlechtwetterfront heraufzieht.

Auch Mücken sind schon am Morgen stechlustig und machen damit Kühe oder Pferde verrückt. Insekten fliegen tiefer und genauso die Schwalben, die sie jagen. Regenwürmer und Schnecken kommen aus ihren Verstecken. Summende Bienen und Spinnen, die an ihren Netzen bauen, sind dagegen ein Zeichen, dass es noch länger schön bleibt.

Vor einem Gewitter fliegen viele Insekten tiefer.

Weitere Schlechtwettersignale

- Plötzlicher starker Wind
- Eine unerwartete Änderung der Windrichtung
- Verschiedenartige Wolken zusammen am Himmel
- Stärker werdende Gerüche
- Aufsteigender Nebel
- Ein milchiger „Hof“ um die Sonne
- Intensives Morgenrot
- Schnell zunehmende, drückende Schwüle

So wirst du Flohmarktverkäufer

Wer seinen Stand auf einem professionellen Flohmarkt aufbauen will, muss eine Gebühr bezahlen. Daher ist es am besten, wenn du deine Eltern überreden kannst, ihre alten Sachen ebenfalls dort zu verkaufen. Es gibt aber auch Flohmärkte, die von Schulen, Gemeinden oder Kirchen veranstaltet werden. Hier können Kinder ihre Sachen oft gratis anbieten.

Auf dem Flohmarkt lässt sich allerhand zu Geld machen.

Schritt 1: **Flohmarkt suchen**

Wo findet demnächst ein Flohmarkt statt? Frage bei Schulen und Kirchen in deiner Umgebung nach. Häufig sind Flohmärkte auch in Wochen- und Gemeindeblättern oder im Internet angekündigt (zum Beispiel unter www.meine-flohmarkt-termine.de).

Schritt 2: **Anmeldung**

Wer auf dem Flohmarkt Sachen verkaufen will, muss sich vorher anmelden. Professionelle Veranstalter wollen vorab wissen, wie lang der Verkaufstisch ist. Je länger der Tisch, desto höher die Gebühr! Sehr gut kannst du deine Waren übrigens auf Klapp- und Tapeziertischen präsentieren.

Schritt 3: **Angebot zusammenstellen**

Packe die Sachen, die du verkaufen willst, rechtzeitig zusammen. Jeder gute Verkäufer sollte vorab schon wissen, wie viel Geld er für seine Ware verlangen möchte!

Sorge dafür, dass etwas Wechselgeld in deiner Kasse ist. Findet der Flohmarkt draußen statt, kannst du noch eine Plane als Regenschutz besorgen.

Schritt 4: **Verhandeln und verkaufen**

Egal ob Tisch oder Decke – deine Verkaufsfläche muss immer sauber sein! Darauf breitest du dein Angebot aus. Achte darauf, dass nicht zu viele Sachen übereinandergestapelt liegen.

Wer vorbeischlendert, muss sofort sehen können, was du anzubieten hast. Falls dich jemand nach einem Preis fragt, solltest du mehr verlangen, als du eigentlich haben willst.

Beispiel: Du willst ein Spiel für zwei Euro verkaufen. Dann fordere von deinem Kunden 2,50 Euro. Er wird versuchen, den Preis zu drücken. Ganz gelassen kannst du nun sagen: „Okay, ich gebe es für zwei Euro her!"

Ein geglückter Verkauf

Somit hast du so viel bekommen, wie du ursprünglich wolltest, und der Kunde ist froh, weil er glaubt, er habe ein Schnäppchen gemacht!

Tauchen

Natürlich sammeln Alleskönner fleißig Auszeichnungen. Das „Seepferdchen" gehört dazu. Um dieses Schwimmabzeichen zu bekommen, musst du unter anderem einen Gegenstand aus dem Wasser fischen.

Tauchen - ein Muss für jeden Alleskönner

Schritt 1: Gesicht ins Wasser tauchen

Starte mit dieser Übung in hüfthohem Wasser. Anfangs kannst du ruhig die Augen zulassen. Nimm einen tiefen Luftzug und tauche dann mit dem Kopf kurz unter Wasser.

Solange Nase und Mund unter Wasser sind, musst du die Luft anhalten oder leicht ausatmen. Das gibt tolle Blubberblasen! Spätestens beim dritten Versuch solltest du mit offenen Augen tauchen.

Schritt 2: Bewegung unter Wasser

Schon beim kurzen Abtauchen wirst du feststellen, dass du nicht untergehst. Dein Körper treibt immer wieder automatisch zur Wasseroberfläche zurück. Also musst du mit deiner Muskelkraft gegen diesen Auftrieb arbeiten.

Das klappt mit ganz normalen Schwimmzügen wie beim Brustschwimmen. Ändere einfach deine Schwimmrichtung: Statt vorwärts geht es nun abwärts. Sobald du den Grund erreicht hast, kannst du dich mit den Füßen wieder vom Boden abstoßen und auftauchen.

Die wichtigste Regel: Gerate nicht in Panik. Denk daran, dass der Auftrieb dich automatisch wieder nach oben treibt.

Auf dem Wasser treiben

Der Auftrieb ist auch dafür verantwortlich, dass du dich einfach aufs Wasser legen kannst, ohne unterzugehen. Dafür benötigst du keine Luftmatratze, sondern nur die richtige Technik.

Und so gehts

Atme tief ein und lege dich mit deiner Rückseite flach auf das Wasser. Pass auf, dass der Po nicht nach unten abknickt. Um dem entgegenzuwirken, mache ein Hohlkreuz. Dein Hinterkopf ist unterhalb der Wasseroberfläche. Wenn dein Körper ruhig und gerade wie ein Brett daliegt, wird er vom Wasser getragen.

Treibe entspannt auf dem Wasser - das wird die anderen Badegäste beeindrucken.

Das Kunststück „Toter Mann" funktioniert übrigens im Salzwasser noch besser, weil das Salz die Wasserdichte erhöht und dein Körper so noch weniger schnell untergehen kann.

Comics zeichnen

Wusstest du, dass man den Beruf des Comiczeichners richtig erlernen kann? Die ersten Versuche, Spiderman und Micky Maus Konkurrenz zu machen, kannst du schon jetzt unternehmen. Zeichne mit Stiften, Papier und einer große Portion Geduld deinen ersten Comic.

Und so gehts

Bevor du mit dem Zeichnen beginnst, solltest du zunächst Kopfarbeit leisten. Als Erstes brauchst du eine Idee für ein Thema. Wovon soll dein Comic handeln? Soll es zum Beispiel ein Science-Fiction sein oder soll die Geschichte in der Gegenwart spielen?

Lass deinen Comic-Helden die witzigsten Abenteuer erleben.

Das Thema

Das Thema des Comics ist eng mit der Hauptfigur oder dem Helden verbunden: Das könnte zum Beispiel ein gewitztes Haustier oder ein tollpatschiges Geschwisterpaar sein. Erfinde deine eigene Comicfigur und gib ihr besondere Charaktereigenschaften. Wenn dein Comic etwas länger werden soll, brauchst du für deinen Hauptcharakter noch einen oder mehrere Gegenspieler (wie zum Beispiel die Römer bei Asterix).

Der Inhalt

Überlege dir dann den Inhalt der Geschichte und den Ort der Handlung. Was soll in den einzelnen Bildern genau passieren? Was erlebt dein Held? Am besten machst du dir für jede Szene Notizen. Bedenke, dass dein erster Comic ja nicht gleich in Buchform erscheinen muss, ein paar Bilder reichen auch.

Bring es zu Papier

Nun gehts zur Sache, deine Story kommt aufs Papier. Du zeichnest die Bilder mit einem Bleistift vor. Wenn dir die Skizze gefällt, nimmst du einen schwarzen Fineliner zum Nachziehen. Zeichne die Sprechblasen mit dem Stift und schreibe den Text hinein, den du dir vorher überlegt hast. Danach geht es ans Ausmalen. Dafür nimmst du Wasserfarben, Filz- oder Buntstifte.

Zeichne deine Geschichte zuerst mit dem Bleistift vor.

Schritt für Schritt

Ist dein erstes Bild fertig, kommt das nächste. Es ist übrigens sicherer, wenn du für jedes Bild ein eigenes Blatt Papier nimmst. Am Ende schneidest du die einzelnen Bilder aus und klebst sie zusammen. Schließlich willst du nicht den ganzen Comic neu zeichnen, nur weil dir das letzte Bild misslingt.

Vergiss den Text in den Sprechblasen nicht.

Gekonnt spicken

Spicken? Das ist doch verboten! Natürlich und zu Recht. Schließlich gehst du in die Schule, um was zu lernen, und das tust du nicht, wenn du abschreibst und schummelst. Aber manchmal gibt es so ein paar verflixte Dinge, die man sich einfach nicht merken kann. Und das macht einen dann so nervös, dass man während der Prüfung auch alles andere vergisst, was man gelernt hat. Dann ist es vielleicht doch besser, ausnahmsweise mal zu schummeln. Aber man darf sich natürlich nicht dabei erwischen lassen.

Lass dich nicht beim Schummeln erwischen.

Der perfekte Spickzettel!

Wenn du bei deinem Nachbarn abschreibst, wird er wahrscheinlich auch bestraft, wenn ihr erwischt werdet. Deshalb schreibst du dir besser einen Spickzettel, auf dem die Dinge stehen, die du dir einfach nicht merken kannst. Aber auch Spickzettelschreiben will gelernt sein.

Je kleiner, desto besser

Je kleiner dein Spickzettel ist, desto größer ist die Chance, dass er deinem Lehrer nicht auffällt. Also schreibst du wirklich nur das Wichtigste darauf und zwar so kurz wie möglich.

Vielleicht kannst du sogar Abkürzungen verwenden, sodass dein Lehrer den Zettel gar nicht versteht, wenn er ihn findet. Ein guter Spickzettel ist kein Blatt Papier, von dem man einfach abschreiben kann, sondern eine Gedächtnisstütze.

Je kleiner der Spickzettel ist, umso unauffälliger kannst du spicken.

Präparieren statt studieren

Wenn ihr für Prüfungen Bücher verwenden dürft, zum Beispiel einen Atlas, dann kannst du auch das Buch unauffällig präparieren. Kannst du dir beispielsweise eine Zahl nicht merken, dann unterstreiche die entsprechenden Seitenzahlen im Atlas ganz dünn mit Bleistift.

Eine andere Möglichkeit: Viele Schüler schreiben die Namen von Popgruppen, Fußballspielern und anderen Stars auf die Umschläge ihrer Bücher und Hefte oder auf Schulmäppchen. Wenn du vor der Prüfung unauffällig ein paar Spicker – natürlich in Geheimschrift – dazwischenschmuggelst, wird dein Lehrer das nicht merken.

Gut versteckt

Aber wie benutzt man den Spickzettel während der Prüfung unauffällig?

- In die Hosentasche stecken, aufs Klo gehen und dort nachsehen
- Auf die Innenseite eines Papiertaschentuchs schreiben, wieder zusammenfalten und in die Packung zurückstecken, während der Prüfung lesen und dann auch wirklich schnäuzen
- Auf ein Klebeetikett schreiben, auf den Unterarm kleben, während der Prüfung Ärmel unauffällig zurückschieben
- Auf ein Stück Pappe schreiben, mit Gummi am Ellenbogen befestigen, während der Prüfung aus dem Ärmel ziehen und dann zurück schnalzen lassen
- Spickzettel als Ziehharmonika so klein falten, dass er unter die Armbanduhr passt

Vermeide riskante Aktionen.

Auf den Lehrer achten

Welchen Trick du am besten benutzt, hängt auch davon ab, wie sich dein Lehrer während einer Prüfung verhält. Wichtig ist, dass du nicht nervös wirst!

Wenn du immer zum Lehrer schielst, um zu sehen, ob jetzt eine günstige Gelegenheit zum Spicken ist, wird er todsicher misstrauisch und behält dich besonders im Auge.

Ahnt die Lehrerin etwas?

Außerdem kannst du dich wahrscheinlich nicht mehr gut auf die anderen Aufgaben konzentrieren und machst auch Dinge falsch, die du eigentlich kannst. Dann hättest du dir mit der Schummelei selbst geschadet.

Alles umsonst?

Da machst du dir ganz viel Arbeit mit einem tollen Spickzettel und merkst während der Prüfung, dass du ihn gar nicht brauchst! Das passiert oft. Denn während du dir Gedanken gemacht hast, wie du deinen Spickzettel schreibst, hast du dir die Dinge plötzlich doch eingeprägt. Spickzettel schreiben ist also eine echte Lerntechnik! Und auch noch kein Schummeln. Das beginnt erst, wenn du ihn während der Prüfung wirklich benutzt.

Geheime Kommunikation

Was Entdecker und Detektive einander zu sagen haben, darf nicht jeder mitbekommen. Am besten benutzt man eine Geheimschrift und eine Sprache, die nur Eingeweihte verstehen.

Pst ... streng geheim!

Das Geheimalphabet

Bei einer Geheimschrift ersetzt du jeden Buchstaben des Alphabets durch etwas anderes. Durch ein Symbol, eine Zahl oder einen anderen Buchstaben. Zum Beispiel kannst du das Alphabet mit G wie geheim anfangen lassen. Dann wird aus jedem A ein G, aus B ein H, aus C ein I und so weiter.

Mit Drehscheibe

Die Sache mit dem verschobenen Alphabet ist sehr einfach, weil man keine Liste zum Nachschauen braucht – die vielleicht jemand findet. Du kannst die Sache schwieriger machen, indem du eine Drehscheibe bastelst. Außen steht das Alphabet, innen dieselben Buchstaben, aber in einer ganz anderen Reihenfolge. Vereinbare mit deinem Geheimpartner, welcher Buchstabe auf der inneren Scheibe für A stehen soll, und lest die anderen Buchstaben dann ab.

Die präparierte Zeitung

Eine andere Methode: Pieke mit einer Nadel Buchstaben in einer Zeitung an und gib diese einem Freund. Der hält die Zeitung gegen das Licht und liest die so markierten Buchstaben nacheinander.

Ein guter Detektiv kan auch verschlüsselte Botschaften lesen.

Feind hört mit!

Schwieriger ist es, Botschaften zu verschlüsseln, wenn man sich unterhält und andere eventuell mithören. Du kannst natürlich eine ganz eigene Sprache erfinden. So wie Englisch, nur dass du dir alle Wörter selbst ausgedacht hast. Das ist jedoch ziemlich kompliziert. Einfacher ist es, nur für einige wichtige Sachen neue Wörter zu erfinden.

Sternbilder erkennen

Früher orientierten sich die Menschen nachts an den Sternen. Kannst du das auch?

Wo ist der Große Wagen?

Der wichtigste Stern an unserem Himmel ist der Polarstern, weil er immer im Norden steht. Um ihn zu finden, suchst du am besten zuerst den Großen Wagen. Er heißt auch Großer Bär, sieht einem Wagen aber viel ähnlicher. Vier Sterne bilden ein kastenförmiges Viereck, drei eine gebogene Deichsel.

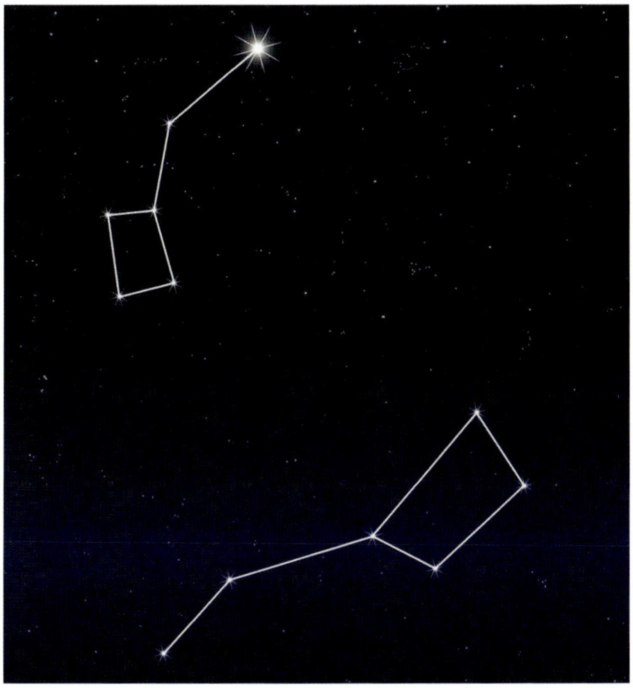

Unten der Große Wagen, oben der Kleine Wagen, an dessen Deichselende der Polarstern liegt

Und weiter zum Polarstern

Verlängere nun die Hinterwand des Wagens in Gedanken um das Fünffache nach oben, dann kommst du zum Polarstern. Um ihn herum bewegen sich auf der Nordhalbkugel alle anderen Sternbilder.

Wenn du auf ihn zuläufst, kommst du nach Norden, wenn du dich von ihm wegbewegst, nach Süden, wenn du ihn rechts liegen lässt, nach Westen, wenn du ihn links liegen lässt, nach Osten.

Mit einem Teleskop kannst du die Sternbilder noch besser erkennen.

Wenn du ein bestimmtes Sternbild suchst, präge dir zu Hause auf der Sternenkarte seine Lage zum Polarstern und zum Großen Wagen ein. Weil sich aber die Erde im Weltall bewegt, sieht man manche Sternbilder nur im Sommer, andere nur im Winter.

Die Sternzeichen

Auch wenn Sternbilder eigentlich nichts zu bedeuten haben, wirst du bestimmt dein Sternzeichen finden wollen. Die zwölf Sternzeichen stehen wie auf einem Band nebeneinander. Und zwar in der gleichen Reihenfolge wie im Kalender. Die Sommersternbilder sieht man nur im Winter und umgekehrt. An deinem Geburtstag kannst du dein Sternbild also nicht sehen. Warum? Weil es tagsüber um die Sonne steht und abends auch mit dieser untergeht.

Ein Vogelhaus

Freust du dich auf den nächsten Winter? Du sitzt mit heißer Schokolade gemütlich am Fenster und erspähst bei Eis und Schnee einen hungrigen Vogel. Du kannst ihm helfen: Bastle ein Futterhäuschen und genieße es, die Vögel ganz nah zu beobachten. Ein unvergleichliches Erlebnis wartet auf dich.

Du benötigst

- 2 gleich große Holzplatten (ungefähr 20 x 30 Zentimeter) für die Dachseiten
- 1 Holzplatte (circa 25 x 25 Zentimeter) für den Boden
- 2 Leisten (circa 25 x 3 Zentimeter)
- Holzlasur
- 1 dicken Holzpfeiler
- Werkzeug: Säge, Holzleim, Pinsel, Feile oder Schleifpapier zum Abrunden von Kanten
- 1 Erwachsenen zum Helfen

Das Dach

Lege dir zuerst die Platten zurecht. Die längeren Seiten der Dachplatten sind oben und unten, die kürzeren vorn und hinten. Leime zuerst die beiden Dachplatten an einer langen Seite oben im rechten Winkel zusammen.

Die Bodenplatte

Dann leimst du die Bodenplatte an den beiden Dachplatten fest, sodass die Dachenden circa zwei Zentimeter nach unten überstehen (siehe Bild 1). Vorn und hinten sollte das Dach 2,5 Zentimeter vorstehen, damit es nicht so leicht hineinregnet. Damit hast du die Hauptarbeit geschafft.

Die Leisten

Du sägst nun die beiden Leisten an ihren Enden schräg ab, sodass sie auf die offenen Seiten des Bodens passen, und leimst sie dort fest (siehe Bild 2). Sie sorgen dafür, dass das Futter nicht herausfällt.

Die Feinarbeit

Danach rundest du alle scharfen Kanten mit der Feile oder dem Schleifpapier ab. Lasiere dann das Vogelhaus, damit es wetterfest wird, und lass es trocknen. Du kannst auch Dachpappe aus Bitumen (teerähnliches, vor Wasser schützendes Material) auf das Dach kleben oder nageln, dann hält das Vogelhaus jahrelang. Stelle den Holzpfeiler im Garten auf und leime das Haus darauf fest. Das Einschlagen des Pfeilers in die Erde überlässt du am besten deinem erwachsenen Helfer.

Der Standort

Bei der Standortwahl sind zwei Dinge zu beachten: Das Futterhäuschen muss so platziert sein, dass sich die Tiere beim Schnabulieren sicher fühlen und dass du sie dabei gut beobachten kannst. Daher bietet sich ein rundherum freier Platz im Garten an. Auch auf dem Balkon lässt sich das Vogelhaus aufstellen. Wichtig ist vor allem, dass der Futterplatz vor Regen und Schnee geschützt ist. Katzen sollten ebenfalls kein leichtes Spiel haben, das niedliche Federvieh beim Fressen anzugreifen.

1.

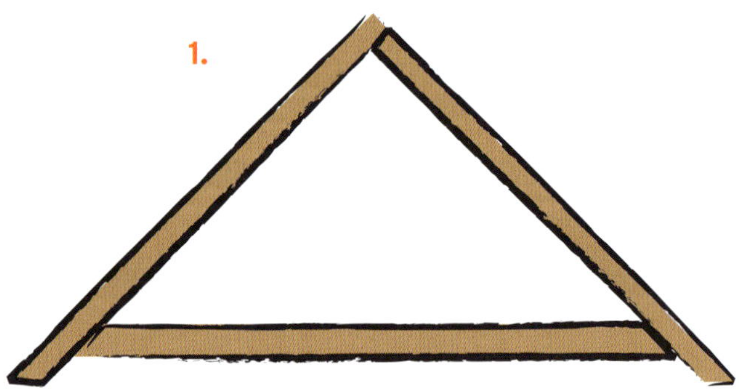

2.

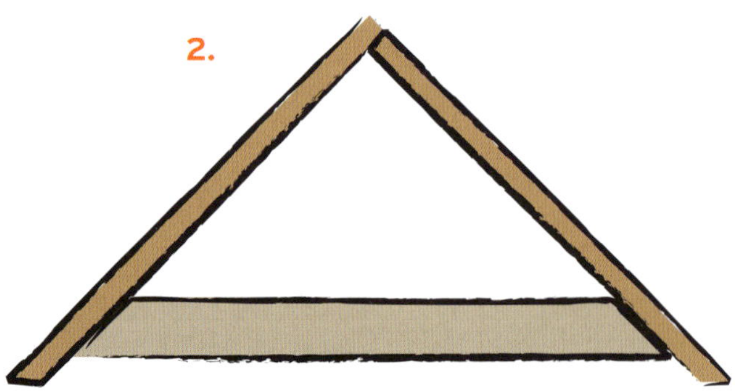

Das Futter

Zum Füttern kannst du eine gekaufte Vogelfuttermischung nehmen. Achte darauf, dass sie sowohl Körnerfutter wie Sonnenblumenkerne, Hanfkörner und Nüsse als auch Weichfutter wie Beeren, Haferflocken und Rosinen enthält. Bei Meisen, Finken und Spatzen stehen bevorzugt Körner auf dem Speiseplan. Amseln, Drosseln und Rotkehlchen sind hingegen mit ihren kleinen, spitzen Schnäbeln Weichfutterfresser.

Du kannst die einzelnen Zutaten ganz einfach auch selbst mischen und mit Obststücken, Kürbiskernen, Hirse oder Getreide ergänzen. Ungeeignet für Vögel sind Küchenabfälle, Brot oder Kuchen. Mehr Informationen zum Füttern von Vögeln findest du auf Seite 66.

Mein Vogelhaus ist fertig! ______________
Datum

Wann solltest du füttern?

Bei mehrtägigem Frost oder geschlossener Schneedecke kannst du mit der Verköstigung der Vögel beginnen. Grundsätzlich soll nur im Winter gefüttert werden. Die besten Fütterzeiten sind übrigens morgens und abends.

Tipp

Reinige die Futterstelle täglich, sonst können sich schnell Krankheiten ausbreiten. Am besten gibst du die Nahrung in ein Plastikschälchen und platzierst es im Vogelhaus. Die Schale kannst du einfach entnehmen und säubern. Auch Kotreste am Futterplatz müssen mit Desinfektionsmittel (erhältlich im Zoofachhandel) gereinigt werden.

Stelle dein fertiggestelltes Vogelhaus an einer geschützten Stelle im Garten auf.

Füttere die Vögel mit den richtigen Körnern.

Eine Kerze mit den Fingern ausmachen

Kerzen ausblasen ist out – wer cool ist, der löscht die Flamme mit den Fingern. Das geht allerdings nur bei ganz normalen Wachskerzen. Von größeren Flammen halte dich fern, denn die sind ein Fall für den Stuntman oder die Feuerwehr!

Traust du dich, die Kerze mit den Fingern zu löschen?

Und so gehts

Befeuchte die Fingerkuppen von Daumen und Zeigefinger ausgiebig mit Spucke. Die Kuppen sollten richtig nass sein, sodass die Spucke fast tropft.

Schnell sein ist alles

Jetzt muss alles ganz schnell gehen: Nimm die beiden Finger und klemme den oberen Teil des Dochtes zwischen ihnen ein. Drücke die Finger fest zusammen, bis die kleine Flamme erlischt. Diese Aktion darf nicht zu lange dauern. Wenn die Kerze nicht gleich ausgeht, musst du die Hand wieder wegnehmen und einen neuen Versuch starten.

Die Rolltreppe verkehrt herum hinauflaufen

Erlaubt ist es eigentlich nicht, aber natürlich solltest du als Alleskönner wissen, wie dieses Kunststück funktioniert. Wichtig ist, dass du dich konzentrierst und nicht nach unten schaust!

Und so gehts

Zur Vorbereitung läufst du am besten eine Rolltreppe, die nach unten führt, abwärts. So kannst du dich an den Stufenabstand gewöhnen. Mach dich, am Fuß der Treppe angekommen, wieder auf den Weg nach oben. Die Stufen kommen dir nun entgegen. Das bedeutet: Du musst wirklich flink sein und Ausdauer haben. Nur dann kommst du auch oben an!

Tipps

Gucke nicht auf die Stufen unter dir, sondern nur nach oben. Das Ganze braucht etwas Übung. Vielleicht versuchst du erst einmal, nur drei Stufen zu erklimmen, und lässt dich danach das kleine Stück wieder nach unten fahren. Beim nächsten Mal steigerst du dich auf fünf Stufen, dann auf zehn. Pass aber auf, dass die Rolltreppe leer ist, bevor du hinaufstürmst.

Die Rolltreppe verkehrt herum hinauflaufen – verboten, aber lustig!

Der perfekte Sprung ins Wasser

Schwimmen und tauchen können – das ist richtig klasse. Doch der Spaß beginnt für besonders coole Wasserratten bereits mit einem gekonnten Sprung ins kühle Nass.

Kerze

Bei diesem Sprung taucht dein Körper kerzengerade und mit den Füßen zuerst in das Wasser ein. Da die Verletzungsgefahr bei richtiger Ausführung sehr gering ist, eignet sich die Kerze auch gut für Sprünge aus fünf oder sogar zehn Metern Höhe.

Gleich spritzt es!

Arschbombe

Arschbomben müssen richtig spritzen! Die perfekte Arschbombe beginnt mit einem schwungvollen Absprung vom Sprungbrett. Hüpfe gleichzeitig vorwärts und aufwärts. Wenn du den höchsten Punkt in der Luft erreicht hast, ziehst du die Beine an und umschlingst sie mit den Armen.

Zieh den Kopf ein und mach dich rund wie ein Paket. Die Landung erfolgt unbedingt auf dem Allerwertesten. Wenn du versehentlich mit dem Rücken aufprallst, kann das ganz schön wehtun.

Hechtsprung

Beim Hechtsprung ist der Kopf vor dem Körper im Wasser. Übe diese Technik vom Beckenrand aus, bevor du dich auf den Startblock wagst.

Ein gekonnter Hechtsprung

Startposition

Stell dich an den Beckenrand. Der Oberkörper ist nach unten gebeugt, sodass dein Brustkorb fast auf den Oberschenkeln liegt. Die Knie musst du dafür leicht beugen, die Arme in Richtung Zehenspitzen strecken.

Absprung

Drücke dich vom Beckenrand weg. Dazu streckst du zuerst deine Beine, dann den ganzen Körper. Die Arme nimmst du nach vorn; sie sind die Verlängerung des Kopfes und bohren sich wie ein Speer zuerst ins Wasser.

Ein Hechtsprung geht relativ flach über das Wasser. Wenn der Sprung gut ausgeführt wird, kann er dir im Schwimmwettkampf einen Vorsprung verschaffen. Deshalb ist es wichtig, möglichst weit weg vom Startblock ins Wasser einzutauchen.

Wichtige Baderegeln
Bereite, bevor du ins Becken hüpfst, deinen Körper durch ausgiebiges Nassspritzen auf den Temperaturwechsel vor. Sprünge sind nur in den ausgewiesenen Zonen erlaubt!

So schreibst du eine Reportage

In der Zeitung hast du einen spannenden Erlebnisbericht gelesen und bekommst Lust, auch einmal eine Reportage zu schreiben? Das ist gar nicht so schwer, wie du vielleicht denkst. Mit etwas Vorbereitung und einigen Tipps, geht es dir leichter von der Hand, die Leser in den Bann zu ziehen.

Was ist eine Reportage?

Eine Reportage ist ein Erlebnisbericht, bei dem der Leser das Gefühl bekommt, mitten im Geschehen zu sein. Es ist daher wichtig, dass du siehst, hörst, riechst und fühlst, was passiert. Fakten und Hintergrundinformationen müssen auch sein, aber nur so viel, wie der Leser zum Verständnis braucht.

Mache vor Ort Notizen und Fotos.

Und so gehts

Nehmen wir ein Beispiel: Du schreibst eine Reportage über den Einsatz eines Feuerwehrmanns der freiwilligen Feuerwehr. Bei einer schweren Überschwemmung rettet er Tiere auf einem Bauernhof vor dem Ertrinken.

Vorbereitungen

Du bist mit Notizblock und Stift vor Ort dabei. Notiere dir die Stimmung, zum Beispiel wie die Wetterlage ist oder die Vorgehensweise der Arbeiter.

Versuche, hinter die Kulissen zu schauen: Ist jemand ängstlich, oder bricht Panik aus? Wenn ja, wie äußert sich das? Wie sieht es auf dem Bauernhof bei der Überschwemmung aus? Ideal ist es, wenn du eine Person in den Mittelpunkt deiner Reportage stellst. Mache auch Fotos von dem Einsatz, zum Beispiel vom Feuerwehrmann mit der geretteten Kuh.

Wichtig ist, dass du mit den beteiligten Menschen sprichst. Führe nach dem Einsatz Interviews mit dem Feuerwehrmann, seinen Kollegen, dem Bauern oder dem Tierarzt, falls ein Tier verletzt wurde.

Ist der Einsatz vorbei, dein Notizbuch proppenvoll und die Fotos im Labor, geht es ans Schreiben.

Stichwörter

Sinnvoll ist es, wenn du den Aufbau der Reportage zuerst mit Stichwörtern umreißt. Die informativen W's (was, wer, wie, wo, wann und warum ist etwas passiert) sollten in dem Text geklärt werden, sind aber nicht Hauptbestandteil. Vielmehr steht die anschauliche Sinneswahrnehmung im Vordergrund. Ist die Stichpunktliste fertig, arbeitest du die einzelnen Teile aus.

Formuliere deine Stichwörter aus.

Die Überschrift

Eine Schlagzeile soll das Interesse der Leser wecken und neugierig auf die Reportage machen. Sie kann ruhig rätselhaft klingen und ausgefallen formuliert sein. Zum Beispiel: Feuerwehrmann rettet 600-Kilo-Kuh.

Der Textanfang

Bei einer Reportage ist der Anfang entscheidend. Nach wenigen Zeilen bestimmt der Leser, ob er dabeibleibt. Daher sollte der Auftakt spannend und wirklichkeitsnah sein. Ratsam ist es, wenn du zu Beginn eine einprägsame Szene schilderst. Zum Beispiel: „Sonntagmorgen sechs Uhr. Das malerische Dorf Blankhansen an der Nordsee und seine Bewohner schlummern fest. Die schrille Alarmglocke reißt Hans Peter und seine beiden Kollegen hoch. Mit durchdringendem Geheul der Feuerwehrsirene rasen sie zum verzweifelten Bauern Meier."

Bauer Meier und Kuh – glücklich über die Rettung

Im weiteren Verlauf solltest du Zitate von Leuten einfließen lassen, die vor Ort dabei waren, das lockert den Text auf. Du setzt ihren Ausspruch in Anführungszeichen, nennst den Namen und erwähnst wenn möglich, wie sie geredet haben, zum Beispiel traurig, hoffnungsvoll, mit einem breiten Grinsen.

Die Zeitform deiner Reportage sollte die Gegenwart (Präsens) sein. Vermeide es außerdem, „ich" oder „wir" zu benutzen, schließlich soll die Hauptperson im Mittelpunkt stehen.

Auch wenn du Aufzeichnungen für mehrere Seiten gemacht hast, überlade den Text nicht mit zu vielen Informationen und Details. Suche dir einen interessanten Blickwinkel heraus.

Tipp
Lies in Zeitschriften und Zeitungen viele Reportagen und mach dir Gedanken, wie sie aufgebaut und warum sie so spannend und lebendig sind.

Von Reportagen in Zeitungen und Zeitschriften kannst du viel lernen.

Meine erste Reportage ist geschrieben! ____________
Datum

Sandburgen bauen

Wusstest du, dass im Sandburgenbauen sogar Meisterschaften veranstaltet werden? Wenn du genug übst, kannst du eines Tages vielleicht die Goldmedaille gewinnen!

Tipp

Es gibt eine Regel, die jeder beachten sollte, der ein Kunstwerk aus Sand schaffen möchte. Die kleinen Körnchen haften nur zusammen, wenn sie feucht sind! Ist der Sand zu trocken oder zu nass, fällt er auseinander.

Aus Sand lassen sich jede Menge tolle Sachen bauen.

Profis haben deshalb einen Trick: Sie befeuchten den Sand mit Meerwasser. Sehr gut lässt sich das mithilfe einer Sprühflasche bewältigen.

Vorbereitung

Besprühe den sandigen Boden, auf dem die Burg errichtet werden soll, mit etwas Wasser und klopfe ihn glatt. Gute Baumeister brauchen Werkzeug: Sprühflasche, Eimer und Schaufel gehören zur Ausstattung. Mit einem Tapetenmesser lassen sich Oberflächen glätten und Verzierungen ritzen.

Türme bauen

Fülle einen Eimer mit feuchtem Sand und klopfe diesen darin fest. Stülpe ihn dann mit einem Ruck um und ziehe ihn vorsichtig nach oben. Kleinere Türme kannst du mit leeren Joghurtbechern bauen.

Mauern errichten

Mauern können deine Türme verbinden oder umschließen. Forme sie mit der Hand und klopfe sie danach mit deiner Schaufel gerade.

Eimer und Schaufeln sind die wichtigste Hilfsmittel.

Wassergraben ziehen

Schaufle eine Rinne um die Außenmauern deiner Burg. Dort hinein füllst du mehrere Flaschen Wasser. Anfangs wird es versickern. Fülle es so lange nach, bis es in der Rinne stehen bleibt.

Verzierungen

Mit dem Tapetenmesser oder einem Kamm lassen sich Muster in den feuchten Sand ritzen. Du kannst das Bauwerk auch mit Muscheln verzieren. Eine tolle Spitze bekommt dein Turm, wenn du eine Handvoll triefend nassen Sand vorsichtig durch deine Finger hinabtropfen lässt.

Orientierung

Ein Abenteurer, der sich verlaufen hat ... das ist peinlich. Wer auf Expeditionen gehen will, der sollte sich möglichst gut orientieren können.

Kartenlesen ist Pflicht

Kannst du mit Landkarten umgehen? Wenn nicht, dann heißt es: üben. Finde den richtigen Weg auf einer Karte (am besten auf einer topografischen), wenn du mit deinen Eltern wandern gehst. Versuche selbst, eine Karte von einem Gebiet zu zeichnen, und teste, ob deine Freunde sie verstehen.

Wo ist Norden?

Richtige Entdecker müssen die Himmelsrichtungen bestimmen können, damit sie wissen, wie sie die Karte halten müssen. Am einfachsten geht das mit einem Kompass. Die Nadel zeigt immer nach Norden. Norden ist auf einer Karte oben, Süden unten, Westen links und Osten rechts. Wenn du die Karte so drehst, dass ihr oberes Ende in dieselbe Richtung wie die Kompassnadel zeigt, liegt sie richtig.

Kannst du Karten lesen und mit dem Kompass umgehen?

Ohne Kompass

Doch was ist, wenn du keinen Kompass dabei hast? Dann musst du auf die Sonne achten. Morgens geht sie im Osten auf, abends im Westen unter. Mittags steht sie im Süden. Aber am Vormittag oder am Nachmittag?

Halte deine Uhr so, dass der Stundenzeiger zur Sonne zeigt. Denke dir jetzt zwischen dem Stundenzeiger und der Zwölf-Uhr-Markierung (bei Sommerzeit: ein Uhr) mittig eine Linie. Diese zeigt genau nach Süden.

Der Schatten des Stocks

Wenn du keine Uhr dabei hast, steckst du einen mindestens einen Meter langen Stock so in den Boden, dass er einen Schatten wirft. Dann markierst du das Ende des Schattens.

Wer draußen unterwegs ist, sollte sich auch zurechtfinden können.

Nun wartest du 15 Minuten. Dazu zählst du langsam 15-mal bis 60. Dann markierst du wieder das Ende des Schattens.

Wenn du nun eine Linie zwischen dem Stock und der Mitte zwischen beiden Markierungen ziehst, hast du die Ost-West-Achse gefunden. Die Nord-Süd-Achse liegt im rechten Winkel dazu.

Tiere verstehen

Bestimmt magst du Tiere. Aber manchmal ist es gar nicht so leicht, richtig mit ihnen umzugehen. Schließlich können sie nicht sprechen. Aber auf ihre Art signalisieren sie dir, was wichtig ist.

Hunde

Frage immer erst den Besitzer, bevor du dich einem Hund näherst. Wenn du die Erlaubnis hast, gehe langsam auf den Hund zu und rede mit ruhiger Stimme zu ihm. Wenn er trotzdem unbehaglich oder aggressiv reagiert, lass ihn in Ruhe.

Wenn er aber Interesse an dir hat, dann halte ihm deine Hand zum Schnüffeln hin. Nun kann er sich mit deinem Geruch vertraut machen. Danach kannst du anfangen, ihn zu streicheln.

Verstehst du Katzen und Hunde?

Katzen

Auch eine Katze solltest du nur streicheln, wenn sie freiwillig kommt. Wenn ihr dein Streicheln gefällt, dann streckt sie sich behaglich unter deinen Händen und schnurrt. Manchmal reiben sich Katzen an Menschen, wollen aber nicht gestreichelt werden. Eine Katze, die zischt, faucht, knurrt oder den Schwanz hin- und herpeitscht, hat üble Laune oder Angst. Lass sie in Ruhe!

Kaninchen

Ein Kaninchen kann man einfach aus seinem Käfig holen und in den Arm nehmen. Aber findet das Kaninchen das wirklich immer schön? Wenn es zappelt und knurrt, mit den Ohren zuckt und die Augen weit aufreißt, hat es Angst. Besser ist es, sich zu ihm auf den Boden zu kauern, es mit ruhiger Stimme und Futter anzulocken und zu warten, bis es von selbst kommt.

Pferde

Pferden darfst du dich nur von vorn nähern. Sie erschrecken sonst leicht und können gefährlich ausschlagen. Wenn das Pferd die Ohren nach hinten gedreht oder sogar an den Kopf angelegt hat, hat es schlechte Laune. Zuckende Ohren deuten auf Ängstlichkeit hin. Wenn das Pferd dagegen seine Ohren nach vorn gestellt hat, ist es neugierig auf dich. Dann kannst du es streicheln.

Nähere dich Pferden immer nur von vorn, um sie nicht zu erschrecken.

Benimmregeln

Du bist eingeladen und möchtest dich von deiner Schokoladenseite zeigen. Damit dir Peinlichkeiten erspart bleiben, solltest du das Einmaleins an Höflichkeit und guten Manieren beherrschen.

- Sage bei der Begrüßung und Verabschiedung freundlich „Guten Tag" beziehungsweise „Auf Wiedersehen". Schau die Person dabei an und reiche ihr gegebenenfalls die rechte Hand.
- Verinnerliche die Wörter „Danke" und „Bitte".
- Entschuldige dich, wenn du etwas falsch gemacht oder jemanden verletzt hast.
- Benutze keine Schimpfwörter.
- Lass Erwachsene ausreden, du möchtet auch nicht unterbrochen werden.

- Musst du gähnen, husten oder niesen, halte die Hand vor.
- Rülpse, schlürfe und schmatze beim Essen nicht. Kipple nicht mit dem Stuhl und benutze das Besteck ordnungsgemäß.
- Beginne mit dem Essen, wenn alle am Tisch sitzen und Speisen auf dem Teller haben. Bleibe an deinem Platz, bis der Letzte aufgegessen hat.

Redewendungen, die Eindruck schinden

Du möchtest vor deinen Eltern und Freunden sprachlich mal so richtig vom Leder ziehen? Erweitere deinen Wortschatz mit Wörtern und Redewendungen, die ganz normale Aussagen und Sätze viel gewählter klingen lassen. Und teste, ob deine Zuhörer dich verstehen.

Erstaune durch schlaue Redewendungen.

Wörter und Redewendungen	**Erklärung**
Das tangiert mich peripher.	Das interessiert mich nicht. Wörtlich: Das berührt mich am Rande.
Ich partizipiere nicht an dieser Unterhaltung.	Ich habe keine Lust zu reden. Wörtlich: Ich nehme nicht an dieser Unterhaltung teil.
Das war ein Lapsus Linguae.	Das war ein Versprecher.
Zentralgestirn	Sonne
Das ist stupid.	Das ist blöd.
Rede keinen Nonsens.	Rede keinen Quatsch.
Du trägst Eulen nach Athen.	Du machst etwas Überflüssiges.
Der Lehrer hat mir die Leviten gelesen.	Der Lehrer hat mir eine Standpauke gehalten.
5 x 5 ist nach Adam Riese 25.	Unterstreicht die Richtigkeit eines Ergebnisses, Adam Riese war ein Rechenmeister.

Perfekt Fahrrad fahren

Willst du die Welt per Drahtesel erobern? Dann musst du nur ein paar Regeln beachten, damit du auch gut an deinem Ziel ankommst.

Das perfekte Fahrrad

Ein Fahrrad darf weder zu klein noch zu groß sein, sonst ist die Verkehrssicherheit beeinträchtigt. Finde heraus, ob dein Fahrrad die richtige Größe hat.

Setze dich dazu auf den Sattel und strecke die Beine gerade nach unten. Zumindest die Zehen sollten den Boden berühren. Reichen die Füße nicht auf die Erde, ist das Fahrrad zu groß. Wenn du hingegen beim Aufsetzen der Füße die Knie anwinkeln musst, ist es zu klein.

Die richtige Ausrüstung

Prüfe vor jedem Radausflug, ob dein Gefährt sicher ist. Dabei hilft dir diese Checkliste:

- Bremsen: Funktionieren beide Bremsen? Mache einen kurzen Test! Der Bremshebel muss gut am Lenker befestigt sein.

Wer sicher mit dem Fahrrad fahren will, benötigt die richtige Ausrüstung.

- Licht: Erzeugt der Dynamo genügend Licht? Prüfe Rück- und Vorderlicht!
- Klingel: Ein Soundcheck kann nie schaden. Achte auch darauf, dass die Klingel fest an der Lenkstange sitzt.
- Reflektoren: Sind die gelben Reflektoren in den Speichen und an den Pedalen beschädigt, beschmutzt oder voll einsatzfähig?

Sind die Reflektoren an deinem Fahrrad in Ordnung?

- Front- und Rückstrahler: Ein weißer Reflektor vorn und die beiden Rückstrahler in Rot sorgen dafür, dass dein Drahtesel auch im Dunkeln gut wahrgenommen wird. Du findest hinten nur einen roten Reflektor? Dann sieh mal nach, ob dein Rücklicht vielleicht den zweiten enthält.
- Reifen: Drücke mit dem Daumen gegen den Reifen. Wenn er sich leicht eindrücken lässt, hat er zu wenig Luft und du musst du ihn wieder aufpumpen. Du willst ja schließlich nicht mit einem Platten in die Fahrradsaison starten!

Die richtige Kleidung

Wichtig ist beim Radfahren natürlich auch die Bekleidung. Clevere Köpfchen tragen Helm, lange Hosen und helle Kleidung. Flip-Flops und Clogs sind ein klarer Fall für Zuhause oder das Schwimmbad. Du brauchst auf jeden Fall feste Schuhe. In Pantoffeln hat schließlich noch kein Radprofi die Tour de France gewonnen!

Wichtige Verkehrszeichen und Regeln

Verkehrszeichen

Sonderweg für Radfahrer: Benutzungspflicht für Radfahrer

Getrennter Fuß- und Radweg: Radfahrer dürfen eine Seite des Weges benutzen, Fußgänger die andere.

Gemeinsamer Fuß- und Radweg: darf gemeinsam von Fußgängern und Radfahrern benutzt werden

Verbot für Fahrräder: Auf diesem Weg dürfen grundsätzlich keine Fahrräder fahren.

Fahrradstraße: Radfahrer dürfen die ganze Fahrbahn benutzen und auch nebeneinander fahren.

Radfahrer frei: Zusatz an anderen Verkehrsschildern; Radfahrer dürfen die Straße benutzen.

Grundsätzlich gilt

Fahre immer vorausschauend, vorsichtig, mit genügend Abstand und halte dich an die Verkehrsregeln.

Radfahrer unter acht Jahren müssen den Gehweg benutzen. Wenn du zwischen acht und zehn Jahre alt bist, darfst du selbst entscheiden, ob du auf dem Gehweg oder auf der Straße fahren willst.

Absolut verboten ist es

- nebeneinander zu fahren.
- beim Fahren Musik zu hören oder zu telefonieren.
- an der roten Ampel nicht anzuhalten.

Denke außerdem daran, die Ladung auf dem Gepäckträger zu sichern und an Fußgängerampeln und Zebrastreifen abzusteigen.

Einrad fahren

Hast du schon einmal versucht, auf einem Einrad zu fahren? Das muss man schon etwas länger üben, denn Einradfahren ist ein ständiger Balanceakt. Doch wenn man es kann, macht es total viel Spaß!

Verliere beim Einradfahren nicht das Gleichgewicht.

Der Einstieg klappt aber ganz gut, wenn zwei Freunde dabei helfen. Auf jeder Seite sollte dir einer seine Schulter zum Abstützen anbieten. So kannst du besser dein Gleichgewicht halten und erst einmal langsam und vorsichtig das Vorwärtskommen trainieren.

Achte drauf, dass dein Einrad die richtige Höhe hat: Wenn du auf dem Sattel sitzt, muss die Ferse des gestreckten Beines das Pedal, das gerade unten ist, gut erreichen können.

Ich kann Einrad fahren! ____________
Datum

Nähen

Alleskönner sollten auch mit Nadel und Faden umgehen können. Denn es kann immer einmal passieren, dass etwas zu reparieren ist.

Komplizierte Fädelei

Einen Faden in das enge Nadelöhr zu bekommen, ist manchmal gar nicht so einfach. Wenn du den Faden frisch abschneidest und dann anfeuchtest, geht es besser.

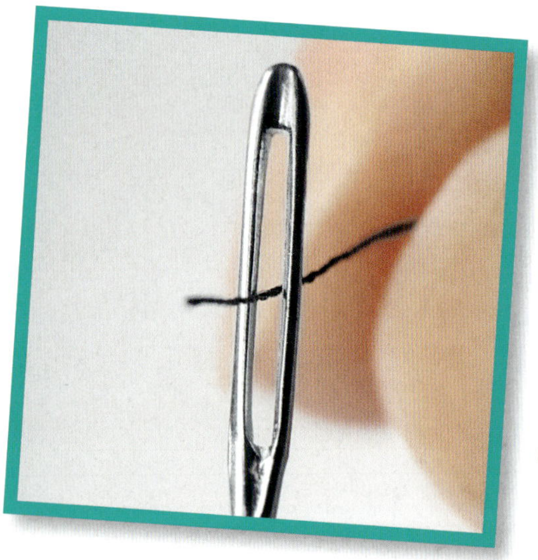

Das Einfädeln ist manchmal gar nicht so leicht.

Kleiner Helfer

Schlaue Kids haben in ihrem Nähzeug einen Nadeleinfädler. Das ist ein Aluminiumstück mit einer Drahtschlinge. Man zieht die Nadel mit dem Öhr über die Schlinge. Dann schiebt man das Fadenende durch die Öffnung der Schlinge. Wenn man nun die Nadel wieder abzieht, rutscht der Faden ganz einfach durch das Öhr.

Der Knoten

Damit der Faden beim Nähen am Stoff festhält, muss man ihn am Ende verknoten. Doch mit einem normalen Knoten geht das nicht. Deshalb nimmt man etwas Faden zwischen Daumen und Zeigefinger, verzwirbelt ihn, indem man den Faden zwischen den Fingern reibt, und zieht das Ganze dann mit dem Daumennagel fest, sodass ein Knoten entsteht. Das funktioniert aber oft nicht beim ersten Mal. Also muss man erst ein wenig üben.

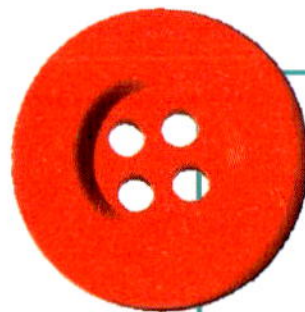

Knopf annähen

Wenn du einen Knopf annähen möchtest, gehst du am besten folgendermaßen vor: Stich zuerst von unten mit der Nadel durch den Stoff, dann durch ein Loch im Knopf und danach durch das andere Loch und wieder durch den Stoff. Das machst du etwa sechsmal. Zum Schluss führst du die Nadel nur durch das Loch, wickelst den Faden mehrmals um die Fäden zwischen Knopf und Stoff und stichst danach durch den Stoff zurück. Dann vernähst du den Faden, indem du ihn mehrmals mit der Nadel unter den Stichen durchziehst. Zum Schluss schneidest du das lose Ende ab.

Hin und her

Wenn du eine gerade Naht nähst, ist der Faden immer entweder an der einen oder anderen Seite zu sehen. Damit die Naht fester wird, nähst du noch einmal so zurück, dass der Faden immer auf beiden Seiten zu sehen ist.

Kannst du schon einen Knopf annähen?

Haustiere halten

Hast du ein Haustier oder möchtest gern eines haben? Da geht es dir wie den meisten Kindern. Doch in vielen Familien gibt es deswegen Streit, weil es gar nicht so einfach ist, ein Tier zu halten.

Welches Haustier passt zu dir?

Haustier – ja oder nein?

Die Anschaffung eines Haustiers muss gut überlegt sein. Alle Tiere brauchen tägliche Pflege. Viele Kinder merken erst hinterher, dass ein Tier viel mehr Arbeit macht, als sie gedacht haben. Deshalb solltest du vorher ausprobieren, ob du das, was du versprichst, auch halten kannst. Vielleicht kannst du ja das Tier eines Freundes pflegen, während er im Urlaub ist?

Hund, Katze oder Kaninchen?

Viele Kinder wollen Hunde. Aber die sind teuer und machen viel mehr Arbeit als andere Tiere. Sie brauchen Auslauf und eine gute Erziehung. Hunde, die schlecht erzogen oder falsch behandelt werden, können nämlich ziemlich viel Ärger machen.

Mit einem Hund musst du jeden Tag Gassi gehen.

Katzen sind da einfacher. Die machen, was sie wollen. Aber für Kinder ist es oft frustrierend, wenn sie mit der Katze schmusen wollen und die gerade keine Lust hat.

Bei Kleintieren ist es so: Je einfacher und billiger sie sind, desto langweiliger finden viele Kinder sie. Am interessantesten sind Ratten, die aber auch die meiste Zuwendung brauchen. Dann kommen Kaninchen. Vögel und Nagetiere sollte man auch nicht allein halten, da sie so unglücklich werden.

Immer ruhig und freundlich

Egal, welches Tier du hast: Damit es sich bei dir wohlfühlt, musst du immer ruhig und freundlich mit ihm umgehen. Wenn du wütend oder genervt bist, merkt das das Tier. Doch es weiß nicht, warum.

Ich und mein Haustier! ____________
Datum

Richtiges Verhalten in Notsituationen

Was tun, wenn's brennt? Oder wenn ein Einbrecher im Haus ist? Gerade, wenn es gefährlich wird, muss man besonders besonnen handeln. Deshalb solltest du wissen, was wichtig ist.

Es brennt!

Was du tun musst, wenn es brennt, hängt von der Größe des Feuers ab. Wenn es noch ganz klein ist, sollte man es schnell löschen. Aber du musst sofort handeln, denn Feuer können sehr schnell größer werden. Wenn du dir nicht sicher bist, ob du das allein schaffst, hole ganz schnell Hilfe!

Löschen

Am besten ist es, Feuer zu ersticken. Kleine Feuer auf dem Boden tritt man aus oder man wirft etwas Schweres darauf. Man kann auch eine dicke Decke darüberwerfen, auf der man dann kräftig herumtrampelt.

Wenn plötzlich die Haare oder Kleidung von jemandem Feuer gefangen haben, ist es am besten, wenn man das Feuer schnell mit einer dicken Decke oder einer Jacke erstickt.

Im schlimmsten Fall musst du die Feuerwehr rufen.

Wasser ist oft keine gute Lösung. Erstens dauert es meistens zu lange, es zu holen, und zweitens ist es gefährlich, wenn elektrische Leitungen oder Fett in der Nähe sind.

Löschregeln

Wenn das Feuer schon ein bisschen größer ist, dann gelten folgende Regeln:

1. Babys, kleine Kinder und Tiere in Sicherheit bringen!
2. Wertvolle Sachen nur in Sicherheit bringen, wenn es nicht zu gefährlich ist.
3. Möglichst viele Helfer rufen!
4. Wenn kein Erwachsener da ist, immer jemanden schicken, der Hilfe holt.
5. Einer übernimmt das Kommando! Wenn möglich ein Erwachsener, ansonsten derjenige von den Älteren, der sich am besten auskennt. Auf keinen Fall streiten!
6. Weglaufen und Feuerwehr alarmieren, wenn es doch gefährlich wird!

Um Hilfe rufen

Wenn die Flammen schon um sich greifen, kann man nicht mehr selbst löschen. Probiere es erst gar nicht! Das wird zu gefährlich! Bringe dich in Sicherheit und schreie laut „Feuer", um andere zu alarmieren. Verständige so schnell wie möglich die Feuerwehr, indem du die Rufnummer 112 wählst.

Ein Gewitter kommt!

Wenn du beim Schwimmen bist und merkst, dass ein Gewitter aufzieht, musst du sofort das Wasser verlassen. Ganz sicher ist man in einem Auto oder Haus. Wenn es zu weit nach Hause ist, kannst du vielleicht zu guten Bekannten oder Freunden gehen.

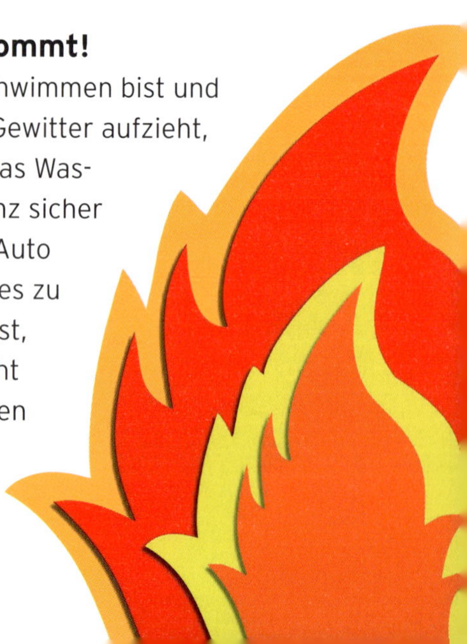

Bei Gewitter schnell ab nach Hause!

Hilfe, Einbrecher!

Hast du Angst, dass Einbrecher kommen könnten, wenn du allein zu Hause bist? Das ist ziemlich unwahrscheinlich, da Einbrecher meistens vorher prüfen, ob sie bei ihrer verbotenen Arbeit ungestört sind.

Ein Einbrecher bei der Arbeit

Der Zähltrick

Wie gefährlich und nah ein Gewitter ist, lässt sich leicht feststellen. Zähle die Sekunden zwischen Blitz und Donner (in einer Sekunde kann man „einundzwanzig" sagen). Bei weniger als sechs Sekunden wird es gefährlich.

Dann solltest du dich mit geschlossenen Füßen auf den Boden kauern, dich möglichst klein machen und abwarten. Auf keinen Fall darfst du dich unter einen hohen Baum oder Turm stellen. Zu Metall (Zaun, Gitter, Fahrrad) solltest du mindestens drei Meter Abstand halten.

Achtung, Sturm!

Wenn du in ein Unwetter mit heftigem Sturm kommst, dann halte dich von Bäumen fern, auch wenn im Wald Regen und Wind nicht so schlimm erscheinen. Denn umstürzende Bäume können Menschen leicht erschlagen.

Falls es doch passiert: Ganz ruhig bleiben! Sie dürfen nicht merken, dass du da bist. Versuche nicht, sie zu verjagen, indem du Krach machst. Das ist viel zu gefährlich! Wenn es möglich ist, verlasse ganz leise das Haus und klingele bei den Nachbarn. Im Haus nur die Polizei anrufen, wenn das geht, ohne dass die Einbrecher es hören.

112

Egal, ob du die Feuerwehr, die Polizei oder einen Notarzt benötigst: Rufe die 112. Sage ganz kurz, was los ist, und warte dann ab, was du gefragt wirst. Mache stets genau das, was dir gesagt wird.

Batiken

Eine besondere Art, Stoffe zu färben, ist Batiken. Dabei entstehen tolle einzigartige Muster, die schwer vorherzusehen sind. Möchtest du einem weißen T-Shirt deine persönliche Farbnote geben, dann batike.

Du benötigst

- Batikfarbe
- Fixiermittel
- Baumwollstoff, zum Beispiel ein T-Shirt
- Kochsalz, Essig, heißes Wasser zum Anrühren der Farbe
- Schnur, zum Beispiel Paketband
- Schere
- 2 Eimer
- 1 alten, langen Kochlöffel
- Plastikfolie oder alte Zeitungen
- Gummihandschuhe
- Plastikwäscheklammern

Und so gehts

Den Stoff wäschst du vor dem Färben einmal. Ist er noch etwas feucht, beginnst du mit dem Abbinden und Knoten. Dadurch entstehen die Muster beim Batiken, weil die abgebundenen Stellen nicht oder kaum eingefärbt werden.

Batiktechnik

Du hast verschiedene Möglichkeiten, den Stoff abzubinden oder zu knoten.

1. Drehe den Stoff zipfelartig zusammen und binde die einzelnen Zipfel mit Schnüren ab.
2. Knäuel den Stoff zusammen und binde die Schnur darum herum.
3. Mache große oder kleine Knoten in den Stoff.
4. Falte den Stoff zu einem Paket und fixiere es mit der Schnur oder Wäscheklammern.

Je fester du den Faden bindest, umso weniger Farbe nimmt der Stoff dort an.

Dieses T-Shirt ist ein echtes Unikat.

In einem Eimer mischst du nach Anleitung das Farbbad an und tauchst den Stoff die angegebene Zeit ein. Mit dem Löffel rührst du das Ganze mehrfach um, damit sich die Farbe gleichmäßig verteilt. Am besten legst du Folie oder Zeitungen unter die Eimer und trägst Gummihandschuhe.

Nach dem Färben nimmst du den Stoff heraus und löst die Schnüre oder Knoten. Möchtest du ihn bunter gestalten, legst du ihn einfach in ein andersfarbiges Batikbad. Das kannst du beliebig wiederholen und dabei die Bänder verschnüren oder lockern.

Schließlich wäschst du den Stoff in kaltem Wasser aus und legst ihn nach Anleitung in das Fixierbad, das du zuvor im anderen Eimer angerührt hast. Dann wandert der Stoff auf die Leine zum Trocknen und fertig ist das Unikat.

So bastelst du eine Zwille

Wolltest du schon immer wissen, wie weit eine Papierkugel fliegen kann? Probiere es aus! Bau dir eine Zwille und schieße das Papierknäuelchen mit Schwung durch die Lüfte.

Das brauchst du

Suche dir eine regelmäßige Astgabel, die die Form eines Y hat. Buchen-, Eichen- oder Haselnussholz eignet sich am besten dafür, denn es ist fest und gleichzeitig biegsam. Außerdem brauchst du ein Einmachgummiband, ein Stück Leder (circa zwei Zentimeter mal vier Zentimeter groß), einen Handbohrer, Schere und Papier.

Los gehts

In das Lederstück schneidest oder bohrst du jeweils mittig an den kürzeren Seiten ein kleines Loch. Es sollte etwa einen halben Zentimeter vom Rand entfernt sein. Dann fädelst du das Gummiband durch die Löcher und platzierst das Lederstück genau in der Mitte des Bandes.

Befestige das Gummiband, indem du die schlaufenartigen Enden über die beiden kürzeren Arme der Astgabel ziehst. Und schon kann der Weitschuss beginnen.

Mit einer Zwille kannst du deine Geschicklichkeit trainieren.

Dein erster Schuss

Forme aus Papier kleine Kugeln und lege sie in das Ledertäschchen. Halte mit einer Hand unten die Zwille fest, mit der anderen das Ledertäschchen samt Papierkugel. Ziehe es nun zum Körper hin. Am besten spannst du es dabei schräg nach oben, das gibt den besten Abschusswinkel. Lässt du das Leder dann los, geht die Kugel ab wie eine Rakete!

Bau dir ein Ziel aus Papprollen.

Papprollen schießen

Für dieses Spiel benötigst du ein paar Papprollen, zum Beispiel Toilettenpapierrollen, getrocknete Erbsen oder Hagebutten und natürlich deine selbst gebaute Zwille.

Und so gehts

Stelle draußen die Papprollen hochkant in einer Reihe auf, zum Beispiel auf einen Gartentisch oder eine Mauer. Beginne mit einem Abstand von einem Meter, mit der Zwille auf die Rollen zu zielen. Wenn du treffsicher bist und alle Papprollen im Nu umgeschossen hast, kannst du den Abstand vergrößern.

Vorsicht

Ziele mit der Zwille niemals auf Menschen. Das ist gefährlich, denn du kannst sie verletzen. Auch solltest du keine schweren oder spitzen Teile als Munition benutzen!

Würfelspiele

Wie die Würfel fallen, ist reine Glückssache. Doch beim Mäxchen kannst du durch geschickte Flunkerei trotz schlechter Würfe den Sieg davontragen.

Mäxchen

Spielerzahl:	2-5
Würfel:	2
Utensilien:	Würfelbecher, Untersetzer (Bierdeckel), 3 Streichhölzer pro Spieler

Würfelt aus, wer beginnen darf. Derjenige legt beide Würfel auf den Untersetzer, stülpt den Becher darüber und schüttelt kräftig. Sind die Würfel auf dem Untersetzer zum Liegen gekommen, hebt der Spieler den Becher ganz leicht an, sodass nur er sehen kann, welche Augenzahl oben liegt.

Zahlen bilden

Aus den beiden Ziffern bildet er eine zweistellige Zahl. Beispiel: Es wurden die 2 und die 4 gewürfelt. Daraus lässt sich die 24 oder die 42 bilden - man nimmt aber immer die höhere Zahl, also die 42. Der Spieler gibt den Bierdeckel samt Becher behutsam an den linken Nachbarn weiter und sagt laut an, welche Zahl er gewürfelt hat.

Die Zahlen übertreffen

Beim ersten Wurf wird meist noch die Wahrheit gesagt. Der Nebenmann würfelt nun ebenfalls und schaut sich vorsichtig sein Ergebnis an. Wichtig ist: Er muss die Zahl seines Vorgängers unbedingt übertreffen!

Im Beispiel von oben sollten mindestens die 4 und die 3 unter dem Deckel sein, das würde 43 ergeben. Dieses Ergebnis könnte der Spieler seelenruhig dem linken Nachbarn nennen.

Lügen ist erlaubt

Sind aber beispielsweise nur die 3 und die 1 zu sehen, käme der Spieler auf 31. Das ist zu wenig! Dem Pechvogel bleibt nichts anderes übrig, als bei der Übergabe des Würfelbechers an den linken Nebenmann zu flunkern, sonst hat er diese Runde verloren. So kann er beispielsweise behaupten, dass er eine 63 hat.

Welche Augenzahl liegt im Becher wirklich oben?

Glauben ist alles

Der Spieler, dem der Becher übergeben wurde, hat nun die Wahl: Soll er dem Vordermann glauben? Wenn ja, dann bleibt der Becher geschlossen und das Spiel geht weiter. Jetzt muss aber mit dem nächsten Wurf schon die 63 überboten werden.

Glaubt der Spieler seinem Vordermann nicht, darf er den Deckel hochheben. Wurde bei der Übergabe tatsächlich geflunkert, muss der Lügner als Strafe ein Streichholz abgeben.

Hat er jedoch die Wahrheit gesagt, verliert der Nachbar ein Streichholz, der ihm nicht geglaubt hat. Der Unglücksrabe darf dafür die nächste Runde starten. Wer alle Streichhölzer abgeben musste, scheidet aus.

Zählweise bei Mäxchen

- Die niedrigste Zahl, die man mit einem Wurf erreichen kann, ist die 31 (3 + 1).
- Von den gewöhnlichen Zahlen ist der höchste Wert die 65 (6 + 5).
- Noch besser als die 65 sind der Einerpasch (1+1), der Zweierpasch (2 + 2) und so weiter. Der höchste Pasch ist der Sechserpasch (6 + 6).
- Der allerhöchste Wurf im Spiel heißt Mäxchen (1+2). Er schlägt alles.

Sagt ein Spieler: „Mäxchen", wird sein Wurf auf jeden Fall aufgedeckt – der Nächste in der Reihe kann dieses Ergebnis ja nicht mehr überbieten.

Lügner entlarven
Ein unruhiger Blick und Verlegenheitsgesten (am Ohr kratzen, die Finger reiben) können gute Indizien dafür sein, dass dich jemand anlügt.

Nervöse Gesten und Blicke entlarven Lügner schnell.

Einundzwanzig

Spielerzahl: 2
Würfel: 1

Beide Spieler sitzen sich gegenüber, der jüngere beginnt. Er macht einen Wurf und notiert sich die gewürfelte Augenzahl auf einem Block (zum Beispiel 5 Punkte).

Danach ist sein Gegner an der Reihe. Die Augenzahl seines Wurfs (zum Beispiel 4 Punkte) wird unter die erste Zahl auf dem Block geschrieben und dazugezählt (5 + 4 = 9 Punkte).

Wer erreicht zuerst die 21?

So geht es im Wechsel hin und her, die Summe auf dem Block steigt stetig an. Der Spieler, der mit seinem Wurf zuerst die 21 Punkte überschreitet, hat diese Runde verloren.

Ganz ärgerlich ist es, wenn dein Gegenüber genau die 21 erreicht hat. Dann geht diese Runde automatisch an ihn. Du würdest mit dem nächsten Wurf nämlich mindestens auf 22 kommen. Das Spiel geht so lange, bis ein Spieler 21 Runden für sich entscheiden konnte. Er ist der Würfelkönig!

Bastle eine Wasserbombe

Eine erfrischende Wasserbombe darf auf keiner Gartenparty fehlen. Ist der erste Schreck verdaut, werden sich die Opfer über diese Abkühlung sicherlich freuen!

Wasserbomben - Ein nasser Spaß!

Und so gehts

Eine Wasserbombe ist nichts anderes als ein Beutel, der mit Wasser gefüllt wurde. Du kannst beispielsweise einen kleinen Ballon benutzen. Den füllst du so prall mit Wasser, dass er kurz vor dem Platzen ist.

Geeignet sind auch Tüten aus ganz dickem Papier. Wenn du die Papiertüte innen vorab vorsichtig mit Pflanzenöl einpinselst, dringt das Wasser nicht so schnell hindurch. Oder du nimmst ein dünnes Plastiktütchen, das man im Supermarkt vor allem in der Obstabteilung findet.

Drei wichtige Regeln

- Die Wasserbombe platzt leichter, wenn sie auf einen harten Boden fällt, der im besten Fall noch mit spitzen Steinchen übersät ist.
- Wenn du die Bombe von einer erhöhten Position aus wirfst (zum Beispiel von einem Baum aus), spritzt das Wasser besonders weit.
- Schmeiße die Wasserbombe nur auf eine freie Fläche und nicht auf Fensterscheiben, Autos oder gar Personen.

Mit Papiertüten knallen

Mit einer kleinen, harmlosen Papiertüte kannst du einen Knall erzeugen, der so laut wie ein Pistolenschuss ist. Pass aber auf, dass kein schreckhafter Angsthase in der Nähe ist.

Und so funktioniert's

Nimm eine leere Brötchentüte und drücke die Öffnung oben mit der Hand zusammen. Es darf nur noch ein kleines Loch in der Öffnung übrig bleiben, ähnlich wie bei einem Luftballon. Durch dieses Loch pustest du so viel Luft wie möglich in die Tüte. Wenn sie prall gefüllt ist, drücke die Öffnung zu.

Schlage jetzt mit der flachen Hand kräftig auf die Tüte, sodass sie mit einem lauten PENG zerplatzt. Danach musst du aber deine Brötchen aufessen, denn in der Tüte kannst du sie jetzt nicht mehr transportieren.

Mehr brauchst du nicht, um Krach zu machen!

Purzelbaum

Selbst wenn du kein Sportass bist – einen Purzelbaum machen, das kann wirklich jedes Kind!

Das Wichtigste beim Purzelbaum ist das richtige Abrollen. Damit du dir bei den ersten Versuchen nicht wehtust, sollte dein Training auf einem weichen Boden stattfinden, zum Beispiel auf einer Turnmatte, Matratze, Wiese oder an einem Sandstrand.

So gehts

Stelle dich zuerst auf die Zehenspitzen und gehe in die Hocke. Deine Beine bleiben zusammen, die Fußinnenseiten sollten sich leicht berühren.

Nun legst du die Handflächen auf den Boden und stützt dich auf die Arme. Dabei müssen deine Ellenbogen dicht bei den Knien sein.

Katzenbuckel

Ziehe den Kopf ein, indem du das Kinn leicht auf die Brust drückst. Deine Schultern und dein Rücken formen sich automatisch zu einem Katzenbuckel. Der Trick ist: Je runder und kompakter du dich machst, desto besser kannst du abrollen!

Übe den Purzelbaum am besten auf weichem Untergrund.

Stoße dich jetzt mit den Beinen ab. Wenn du zu zaghaft bist, landest du auf dem Rücken. Das ist ein Oma-Purzelbaum! Nimm also etwas Schwung mit und ziehe die Beine eng an den Körper. So landest du auch wieder auf den Füßen.

Rolle rückwärts

Wenn es beim Purzelbaum in die eine Richtung gut klappt, dann versuche doch mal die Rückwärtsrolle.

Auch die Rolle rückwärts ist mit etwas Übung nicht schwer.

So gehts

Gehe in die Hocke und winkle die Arme an. Deine Daumen berühren die Ohrläppchen, die Handflächen zeigen nach oben. Drücke dich nun mit den Beinen ab. Nacheinander rollst du zuerst über Po und Rücken, dann über Schultern und Hinterkopf.

Auch hier gilt

Du brauchst Schwung! Die Kunst besteht nämlich darin, den Po über den Kopf zu ziehen. Während der zweiten Phase des Abrollens legst du die Handflächen auf den Boden.

Für den Anfang ist es vollkommen okay, wenn du auf den Knien landest. Doch richtige Alleskönner kommen nach dem Abrollen schnell wieder auf die Füße.

Coole Pausenbrote

Wie hältst du es mit den Pausenbroten? Isst du, was dir deine Eltern mitgeben oder kaufst du dir lieber eine Süßigkeit? Doch vielleicht isst du ja auch gar nichts. Das wäre nicht gut. Denn Tests haben gezeigt, dass sich Kinder, die frühstücken und auch in der Pause etwas Gesundes essen, besser konzentrieren können und damit auch besser lernen. Am besten sorgst du selbst dafür, dass du Pausenbrote hast, die Power geben und dir schmecken.

Kreiere deinen eigenen Burger.

Burger basteln

Ein Pausenbrot kann man genauso zusammensetzen wie einen Hamburger, nur mit gesünderen Sachen. Dazu nimmst du ein Vollkornbrötchen und schneidest es auf. Zuerst beschmierst du es mit einer Tomatencreme (kein Ketchup!), einem gewürzten Quark oder einem anderen vegetarischen Aufstrich.

Was gibt's heute zu essen?

Dann kommen ein Salatblatt oder auch Tomaten- oder Gurkenscheiben darauf, dann eine Scheibe Wurst, Käse oder hart gekochtes Ei. Darauf kann man eventuell einen Spritzer Senf, Mayonnaise oder Ketchup geben. Aber nicht so viel, dass es herausquillt. Zweite Brötchenhälfte aufsetzen. Fertig! Gut einwickeln und ab in die Schultasche.

Sechser im Lotto

Du weißt nicht, was du auf dein Brot schmieren sollst? Oder deine Mutter beharrt darauf, dass du nicht immer deinen Lieblingsbelag nimmst? Mach doch ein Spiel daraus und würfle! Bei einer Eins ist es Käse, bei einem Zweier Wurst und bei einem Sechser ausnahmsweise Schokocreme.

Nicht nur Brot

Auch das sind gesunde Sachen, die dir Energie fürs Lernen geben: Obst, Gemüseschnitze, Joghurt, Nüsse und Rosinen.

Aufgespießt!

Brote sind langweilig? Dann mach dir coole Pausenspieße! Du spießt dazu lauter gesunde Sachen auf lange Holzspieße: Käsewürfel, Cocktailtomaten, Gurkenstücke, Möhrenscheiben und Brotwürfel. Nimm nicht zu wenig Brot, denn das gibt dir am meisten Power.

TOGGO CLEVER CLUB

www.toggo-cleverclub.de

Weitere leckere Rezepte gibt es bei „Finger Tipps" im TOGGO-CleverClub! Mehr Infos zum Club im Vorwort auf Seite 3!

Spuren lesen

Indianer und Trapper konnten nicht nur jede Fährte erkennen, sondern aus einer Spur auch lesen, ob ein Tier auf der Flucht, verletzt, jung, alt, leicht oder schwer war und wann es vorbeigekommen ist.

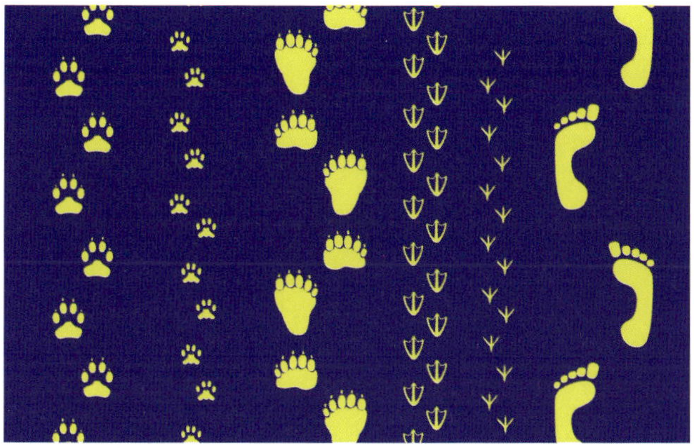

Spuren von links nach rechts: Hund, Katze, Bär, Wasservogel, Vogel, Mensch

Füchse dagegen „schnüren" gerade, wenn sie entspannt sind. Wenn sie hingegen rennen, hinterlassen sie eine schiefe Spur. Generell sind bei flüchtenden Tieren, die große Schritte oder gar Sprünge machen, die Abdrücke weiter auseinander und unregelmäßiger. Außerdem sind die Abdrücke vorn tiefer, was man besonders bei Tieren mit Hufen gut erkennen kann.

Erkennst du die Spuren eines Hasen?

Welches Tier war das?

Hund oder Wolf	Pfotenabdruck mit vier Zehenballen mit Krallen
Fuchs	Ähnlich wie beim Hund, aber die äußeren Zehenabdrücke liegen seitlich, nicht vor dem Pfotenabdruck.
Katze	Vier Zehen, aber keine Krallen sichtbar
Marder oder Iltis	Fünf Zehenballen
Hase oder Kaninchen	Lange, dünne Hinterpfoten, kleine Vorderpfoten
Hirsch	Gespaltener Huf, etwa acht bis neun Zentimeter lang
Wildschwein	Ähnlich wie beim Hirsch, aber seitlich sichelförmiger Abdruck der Afterklaue
Reh	Ähnlich wie beim Hirsch, aber kleiner
Vogel	Drei Zehen nach vorn, eine nach hinten; sieht wie ein kleiner Ast aus.
Wasservogel	Zehen weiter auseinander, Spuren von Schwimmhäuten erkennbar

Was hat es gemacht?

Wenn du zum Beispiel eine Hasenspur siehst, deren Abdrücke eng beieinanderstehen und die sich gewunden über das Feld zieht, dann weißt du, dass es dieser Hase nicht eilig hatte. Ein Hase auf der Flucht dagegen macht große Sprünge. Abgesehen von scharfen Haken verläuft die Spur schnurgerade.

Und wann?

Bei einer älteren Fährte beginnen die Ränder zu bröckeln, andere Spuren kreuzen sie, nach einem Regen sammelt sich Wasser in der Vertiefung.

Eine frische Fährte ist dagegen sehr deutlich. Auch wenn es anfangs etwas schwer scheint, mit der Zeit wird dir das Spurenlesen immer leichter fallen.

Grillen

Grillen ist cool! Aber lassen dich deine Eltern zu Hause auch an den Grill oder darfst du nur zusehen? Sag ihnen ruhig, dass du lernen willst, selbst zu grillen. Wenn sie es dir dann erklären, musst du wirklich genau tun, was sie dir sagen. Denn Grillen kann auch ziemlich gefährlich sein. Und man braucht Geduld dazu!

Gegrilltes ist so lecker!

Problem: Anzünden

Grillkohle kann man nicht einfach mit einem Streichholz anzünden. Manche Leute schütten deshalb Benzin oder Alkohol über die Kohle und zünden dieses an. Deine Eltern tun das hoffentlich nicht, weil es sehr gefährlich ist. Dabei verunglücken jedes Jahr viele Menschen.

Tannenzapfen und Eierkartons

Stattdessen mischt man Grillanzünder oder auch Tannenzapfen oder zerrissene Eierkartons unter die Kohlen und zündet diese an. Während sie verbrennen, beginnt langsam auch die Kohle zu glühen. Damit das schneller geht, kann man ein bisschen fächeln, aber keinesfalls zu viel. Am besten wartet man in Ruhe ab, bis die Kohle durchgeglüht ist.

Gut aufpassen!

Wenn der Grill heiß genug ist, legst du mit einer Grillzange Fleisch und Würstchen auf den Rost. Aber nicht zu viel, sonst kannst du sie nicht mehr wenden. Den Umgang mit der Grillzange solltest du vorher üben, damit du nichts fallen lässt.

Während das Fleisch auf dem Grill liegt, musst du gut aufpassen, dass es nicht verbrennt. Wende es lieber mehrmals als zu spät. Wenn es ganz schnell dunkel wird, ist der Grill zu heiß. Dann nimmst du die Leckerbissen herunter und rufst jemanden, der dir hilft, die Höhe des Rostes zu verstellen.

Übe mit der Grillzange, damit du nichts fallen lässt.

Erst mal testen

Wenn das erste Stück schön knusprig braun ist, legst du es auf einen Teller und schneidest es durch. Dann siehst du, ob es auch innen gut ist. Fertige Stücke, die nicht gleich gegessen werden, kannst du an den Rand des Rosts legen. Guten Appetit!

Ich als Grillmeister! ____________
Datum

Bringe einem Hund Tricks bei

Die meisten Hunde spielen gern und lassen sich auch Tricks beibringen. Aber wie macht man das?

Gehorcht dir dein Hund aufs Wort?

Bei Fuß! Sitz! Aus!

Das Wichtigste ist, dass ein Hund dir gehorcht. Er muss kommen, wenn du ihn rufst, ohne Zerren an der Leine gehen, sich hinsetzen, wenn du es verlangst, und er muss dir gehorchen, wenn du ihm etwas verbietest.

Wenn es nicht dein eigener Hund ist, dann verwende die Worte, die der Besitzer auch benutzt. Die einen rufen zum Beispiel den Namen des Hundes, wenn er kommen soll, die anderen „bei Fuß" oder „komm her".

Auf die Stimme kommt es an

Rede immer ruhig und freundlich mit einem Hund. Schreie auf keinen Fall und werde auch nicht wütend, wenn er nicht gleich reagiert. Der Hund hört deine Wut, findet das bedrohlich und bleibt erst recht in sicherer Deckung.

Loben statt strafen

Besser ist es deshalb, mit Lob zu arbeiten. Wenn der Hund gut gehorcht, bekommt er ein Leckerli und wird ausgiebig gelobt und gestreichelt. Wenn er nicht so gut gehorcht, fällt das Lob geringer aus. Aber auch, wenn er erst nach dem zehnten Mal kommt, sollte er noch merken, dass das jetzt richtig war, und hören, dass du nun zufrieden bist.

Pfötchen geben

Wirft man einen Ball, werden die meisten Hunde diesem automatisch nachjagen und ihn bringen. Aber wie soll ein Hund verstehen, dass er die Pfote geben soll? Hierzu musst du langsam vorgehen.

Nimm zum Beispiel ein Leckerli, zeige es ihm und halte ihm gleichzeitig die andere Hand hin. Wenn er anfängt, eine Pfote vom Boden zu lösen, dann belohne ihn. Beim nächsten Mal muss er die Pfote schon deutlicher heben. Bis er versteht, dass er die Pfote in deine Hand legen soll.

Bring deinem Hund bei, Pfötchen zu geben.

Ideen für schnelle Geschenke

Ganz spontan wirst du zum Geburtstag eingeladen oder hast einfach vertrödelt, rechtzeitig ein Geschenk zu besorgen? Damit du trotzdem nicht mit leeren Händen dastehst, hier ein paar Ideen.

Blumenstrauß binden

Aus ein paar Blumen, Grünzeug, Bastband und mithilfe einer Schere oder eines Messers bringst du Blüten zur vollen Pracht.

Verschenke einen selbst gebundenen Blumenstrauß.

Und so gehts

Kürze als Erstes die Stängel der Blumen und Pflanzen und schneide sie unten schräg an. Anschließend streifst du die unteren Blätter vom Stiel ab.

Beginne mit der längsten Blume. Bist du Rechtshänder, halte sie in der linken Hand. Um die Blume herum drapierst du ein paar grüne Blätter oder Stängel. Die anderen Blüten legst du nun leicht schräg um die Straußmitte herum, sodass sich die Stiele überkreuzen. Dreh den Strauß gelegentlich, damit er gleichmäßig wird.

Ist alles eingearbeitet, umwickelst du die Stelle, an der du den Strauß festhältst, mit dem Bastband und machst einen Knoten.

Karten entwerfen

Mit einem Stück Glanz- oder Tonpapier, Fotokarton oder Wellpappe, einer Schere, Klebstoff und viel Fantasie kannst du schnell eine individuelle Karte basteln.

Und so gehts

Schneide aus dem Papier, Karton oder der Pappe ein Rechteck zurecht, das du in der Mitte falzt. Soll die Karte in einen Briefumschlag passen, nimm vorher Maß. Du kannst auch eine einfarbige, unbedruckte Karte kaufen. Zur Verschönerung beklebst oder bemalst du sie mit:

- einem Foto von dir oder deiner Familie
- einem Foto einer Blume oder Landschaft, das du selbst geschossen hast
- getrockneten Blättern oder Blüten
- ausgeschnittenen Herzen oder Sternen aus Glanzpapier
- einer Collage aus Papierschnipseln
- Federn, Knöpfen, Glitter, Bändern, Stoffresten
- Stiften oder Farben
- einem Lippenstiftkuss von dir

Bastle eine Karte.

Gutschein entwickeln

Suchst du ein Geschenk auf den letzten Drücker, ist ein Gutschein ideal. Damit kannst du (fast) alles verschenken: ein Buch, einen Zoobesuch oder deine Hilfe bei der Gartenarbeit. Ist der Coupon schön gestaltet, freut sich der Beschenkte doppelt.

Und so gehts

Um einen Gutschein zu erstellen, benötigst du Papier, Pappe oder etwas, worauf du schreiben kannst, und Stifte.

Wichtig ist, dass auf dem Gutschein steht, für wen er ist, was du verschenkst und bei wem er einzulösen ist. Nur ein Blatt, auf dem steht: „Gutschein für Mama für eine Woche Spülmaschine ausräumen von Tina“ wirkt langweilig. Dekoriere den Coupon mit einem gemalten Rand. Zeichne außerdem Teller, Tassen und Gläser dazu. Klebe ein Foto von dir oder deiner Mutter anstelle des Namens auf.

Geschenk verpacken

Du hast das passende Geschenk gefunden, nun muss es noch verpackt werden. Ist dir einfaches Geschenkpapier zu öde, bastle selbst etwas zum Einwickeln. Bänder und Schleifen schmücken jedes Mitbringsel.

Tipp

Hast du gerade kein Geschenkpapier zur Hand, nimm Pack- oder Zeitungspapier. Verziere es mit Bändern oder Schleifen, beklebe oder bemale es mit Herzen.

Geschenkpapier selbst herstellen

Ein einfarbiges Blatt Papier kombiniert mit Fingerfarbe lässt sich wunderbar zu deinem persönlichen Geschenkpapier umwandeln. Stemple dazu einfach Hand- und Fußabdrücke von dir auf das Papier. Ist das Präsent größer, klebst du mehrere Blätter aneinander. Deine Eltern und Verwandte werden sich über diese Verpackung freuen – vielleicht sogar mehr als über den Inhalt!

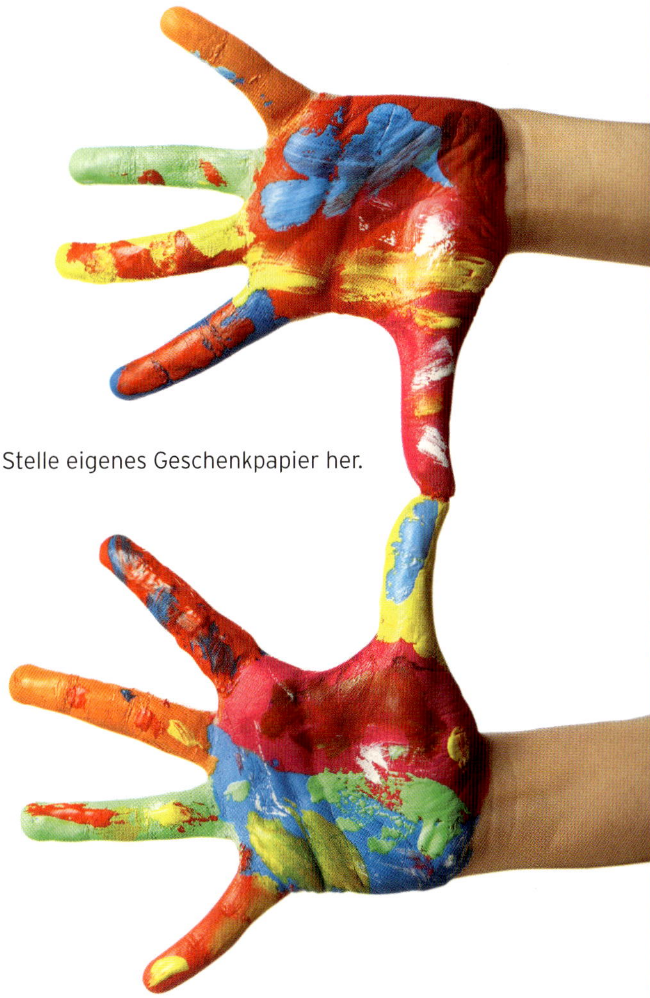

Stelle eigenes Geschenkpapier her.

Geschenkbox selbst dekorieren

Aus einem alten Karton, zum Beispiel einem Schuhkarton, kannst du mit Geschenkpapier und Klebstoff oder Farben und Pinsel eine hübsche Schachtel für Präsente basteln. Ist der Karton weiß oder nicht zu dunkel, bemalst du ihn mit Plakafarben. Ansonsten beklebst du die Schachtel von außen mit Geschenkpapier.

TOGGO CLEVER CLUB
www.toggo-cleverclub.de

Viele weitere Tipps zum Thema Geschenke und Verpackungen findest du bei „FingerTipps“ und „Kibama“ im TOGGO-CleverClub! Du möchtest den Club testen? Den Zugangscode findest du auf Seite 3!

Jonglieren

Mit zwei oder drei Bällen zu jonglieren, sieht komplizierter aus, als es ist. Wenn du heute mit dem Üben beginnst, heißt es vielleicht morgen schon: Manege frei für den nächsten Zirkusstar!

Vorbereitung

Für dein Training brauchst du drei Jonglierbälle. Diese gibt es im Spielwarenladen zu kaufen. Natürlich kannst du auch Apfelsinen, Footbags oder Tennisbälle benutzen.

Bevor es losgeht, musst du die richtige Position einnehmen. Stelle dich gerade hin und bleibe in den Knien locker. Die Füße sind etwas voneinander entfernt. Deine Oberarme liegen dicht am Körper, die Unterarme sind waagerecht nach vorn gestreckt. Dabei zeigen die Handflächen nach oben.

Die Oberarme liegen dicht am Körper, die Unterarme sind waagerecht nach vorn gestreckt.

Jonglieren mit einem Ball

Nimm einen Ball in die rechte Hand und wirf ihn leicht schräg nach links oben. Die Wurfhand bewegt sich beim Schwungholen ein wenig zur Körpermitte hin. Achtung! Du darfst nicht zu fest ausholen, der Schwung kommt locker aus dem Unterarm.

Die ideale Flugbahn verläuft schräg von rechts unten nach links oben. In etwa auf Stirnhöhe erreicht der Ball seinen höchsten Punkt. Du musst ihn jetzt nur noch mit der linken Hand fangen!

Das Ganze wiederholst du, diesmal wandert der Ball von links nach rechts. Übe so lange, bis die Würfe gleichmäßig verlaufen. Versuche, den Oberkörper und die Arme möglichst ruhig zu halten.

Jonglieren mit zwei Bällen

Jede Hand hält einen Ball. Wirf zuerst den Ball in der rechten Hand im hohen Bogen nach links. Wenn er seinen höchsten Punkt erreicht hat, wirfst du den zweiten Ball mit der linken Hand schräg nach rechts. Danach fängst du den ersten Ball mit links und den zweiten mit der rechten Hand auf.

Jonglieren mit drei Bällen

Als Rechtshänder nimmst du zwei Bälle in die rechte Hand. Ein Ball wird mit dem kleinen Finger und dem Ringfinger in die Handfläche gedrückt, der zweite Ball liegt etwas darüber. Diesen hältst du mit Daumen, Zeige- und Mittelfinger fest. Der dritte Ball ist in der linken Hand.

Wirf nun abwechselnd die Bälle: Beginne mit dem oberen Ball der rechten Hand. Hat er fast den höchsten Punkt erreicht, wirfst du den Ball in der linken Hand nach oben. Bis jetzt ist alles wie beim Jonglieren mit zwei Bällen. Doch bevor du mit links den ersten Ball fängst, musst du mit rechts noch Ball Nummer drei auf den Weg schicken.

Beim Fangen nicht die Hände zu weit nach oben bewegen

Gefangen wird im Rhythmus links, rechts, links. Am Ende hast du in der linken Hand zwei Bälle, in der rechten Hand liegt ein Ball.

Jetzt kannst du mit dem nächsten Durchgang starten! Mach am Anfang eine kurze Pause, bevor du die Bälle wieder zurückwirfst. So kannst du deine Haltung überprüfen!

Du bist ein Linkshänder? Dann beginne den ersten Durchlauf mit zwei Bällen in der linken und einem in der rechten Hand.

Anfängerfehler

Schiefe Würfe

Zuerst ist es wichtig, dass du dich auf das Werfen konzentrierst – das Fangen klappt irgendwann von ganz allein.

Die Bälle müssen möglichst immer die gleiche Flugbahn nehmen. Wenn der erste ganz hoch fliegt und der zweite Ball niedrig, kommst du beim Auffangen in Schwierigkeiten.

Häufig wird auch unbewusst nach vorn geworfen. Beobachte, ob du beim Fangen einen Schritt vorwärts machen musst! Falls es so ist, solltest du versuchen, die Bälle leicht nach hinten zu werfen.

Falsches Fangen

Die Oberarme bleiben stets am Körper! So vermeidest du ein zu hohes Fangen der Bälle. Die Hände gehen nicht zum Ball hinauf, vielmehr kommt dieser zu den Händen hinunter.

Falls es dir nicht gelingt, den Oberkörper ruhig zu halten, lege dir einen langen Wollschal um Brust und Arme. Binde ihn hinten fest zusammen. Jetzt kannst du nicht mehr mit den Oberarmen durch die Luft rudern!

Jongliere mit drei Bällen.

Vögel füttern

Magst du Vögel? Dann möchtest du dich wahrscheinlich auch gern um wild lebende Vögel kümmern. Aber es ist wichtig, dass du das richtig tust!

Im Winter freuen sich die Vögel über Futter.

Ab zum Futterhaus!

Die Vögel freuen sich bestimmt, wenn du sie im Winter fütterst. Du solltest aber erst damit beginnen, wenn es wirklich dauerhaft Frost gibt. Davor finden die Vögel noch genug Nahrung. Und wenn du dann fütterst, tu es regelmäßig, denn die Vögel verlassen sich jetzt darauf, dass sie von dir etwas bekommen.

Kochen für Vögel

Nein, das ist kein Witz. Viele Vögel lieben fettgetränkte Haferflocken. Lass einfach Kokosfett in einem Topf schmelzen und rühre so viele Haferflocken hinein, dass sie das Fett aufsaugen. Mische die Haferflocken dann locker mit Sonnenblumenkernen und anderen Samen. Nun kann sich jeder Vogel das herauspicken, was er am liebsten mag.

Achtung Katzen, Scheiben, Dreck!

Direkt vor deinem Fenster kannst du die Vögel zwar am besten beobachten, aber es ist trotzdem ein schlechter Platz für eine Futterstation. Damit nicht aus Versehen Vögel beim Anflug gegen eine Glasscheibe prallen, sollten mindestens zwei Meter Abstand gehalten werden.

Außerdem darf das Futterhaus nicht so stehen, dass sich Katzen unbemerkt anschleichen können. Das Futter sollte nicht einfach herumliegen, sonst wird es von den Vögeln verunreinigt und kann so Krankheiten übertragen. Verwende lieber einen Futterspender, bei dem das Futter von allein nachrutscht.

Badespaß

Im Sommer kannst du Vögel gut beobachten, wenn du ihnen eine Schale mit Wasser zum Trinken und Baden hinstellst. Es ist total lustig, zu beobachten, was sie da treiben. Das Wasser darf nicht so tief sein, dass kleine Vögel darin ertrinken können. Außerdem musst du auch hier einen Platz wählen, an dem sich keine Katzen heranpirschen können.

Vögel lieben es zu baden

So flickst du einen Reifen

Du fährst fröhlich mit dem Fahrrad durch die Gegend, da geht deinem Drahtesel plötzlich die Luft aus. Zum Glück hast du Flickzeug dabei. Damit kannst du den Plattfuß problemlos reparieren.

Du benötigst
1 Fahrrad-Flickzeug-Set
1 Luftpumpe
1 Schraubenschlüssel
2 Mantelspanner
1 Eimer mit Wasser

Der Ausbau

Erst stellst du das Fahrrad auf den Kopf und baust das Rad aus. Dafür löst du mit dem Schraubenschlüssel die Radmuttern. Ist das Loch im Hinterrad, musst du auch die Kette entfernen und gegebenenfalls die Nabenschaltung lösen. Versuche, deine Hände halbwegs von Schmiere freizuhalten, du musst ja nicht gleich wie ein echter Mechaniker aussehen!

Stelle das Fahrrad auf den Kopf und baue das Rad aus.

Dann drehst du das Ventil heraus und ziehst den Mantel auf einer Seite ab. Am besten geht es mit den Mantelspannern. Benutze auf keinen Fall einen spitzen Gegenstand. Du beschädigst sonst den Schlauch.

Finde das Loch

Pumpe den Schlauch wieder auf und suche das Loch. Halte dafür den aufgepumpten Schlauch Stück für Stück in den Eimer mit Wasser. Du erkennst das Loch an den aufsteigenden Blasen. Ansonsten halte den Schlauch nahe an deine Lippen. Dort bemerkst du am besten die entweichende Luft. Denke jedoch daran, dass ein Schlauch auch mehr als ein Loch haben kann.

Das Flicken

Hast du den Übeltäter gefunden, lässt du die Luft wieder hinaus, und das Flicken beginnt. Erst trocknest du den Schlauch um das Loch herum und raust ihn mit dem Schleifpapier auf.

Dann trägst du den Kleber auf, ziehst die Folie vom Flicken ab und presst ihn für eine Minute auf den Schlauch.

Flickzeug

Und fertig!

Anschließend pumpst du den Schlauch ein kleines bisschen auf, steckst das Ventil durch die Öffnung und setzt den Schlauch in den Mantel ein.

Danach ziehst du den Mantel erneut auf die Felge. Wenn es schwer geht, nimmst du die Mantelspanner zu Hilfe. Zum Schluss das Rad wieder einbauen und weiter geht die Fahrt.

Ein Tipi bauen

Willst du wie ein echter Indianer in einem Zelt leben? Frag nicht erst deinen Häuptling, sondern bau dir gleich ein Tipi und mach es dir darin bequem.

Mein Tipi und ich! ____________ Datum

Das brauchst du

Zuerst einmal benötigst du sechs stabile Holzstangen (circa zwei Meter lang). Du kannst sie auch durch Besenstiele oder nicht zu breite Holzlatten ersetzen. Außerdem brauchst du zwei Seile, Decken oder Bettlaken sowie Wäscheklammern oder Textilklebeband. Am besten suchst du dir einen ebenen Platz, an dem keine Bäume stehen, um das Tipi aufzustellen.

Und so gehts

Nimm drei der sechs Stangen und stelle sie pyramidenförmig auf. Mit einem Seil bindest du sie dann oben fest zusammen. Nun nimmst du die restlichen drei Stangen und stellst sie zwischen die ersten. Mit dem zweiten Band wird dieses Grundgerüst zusammengebunden.

Jetzt kommen die Decken und Laken zum Einsatz. Lege sie am besten von oben nach unten rundherum auf die Stangen und befestige sie mit den Wäscheklammern oder dem Textilklebeband. Denke daran, dass du auf einer Seite einen Eingang lässt.

Und schon ist dein Indianerzelt fertig. Eine Klingel für Besucher gibt es leider nicht!

Übrigens

Früher wurden Tipis mit Büffelleder bedeckt, das sehr widerstandsfähig war und ideal vor starkem Regen schützte. Der Eingang des Zeltes richtete sich immer nach Osten zur aufgehenden Sonne.

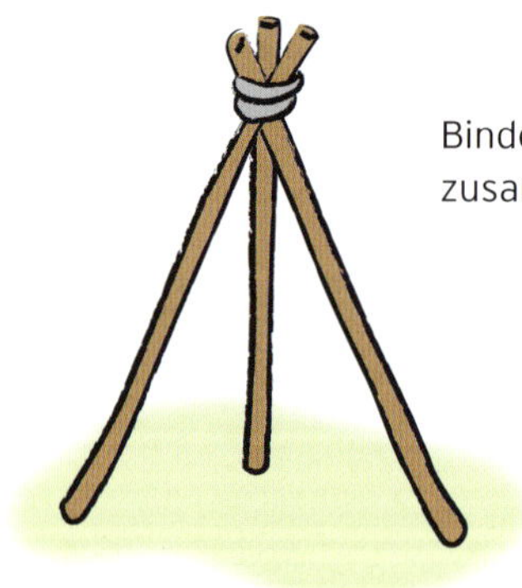

Binde zuerst drei Stangen zusammen.

Befestige dann die anderen drei Stangen.

Belege das Stangengerüst mit Decken.

So lebten die Indianer

Ein Tipi lässt sich schnell auf- und abbauen und ist einfach zu transportieren. Das war für die Indianer, die als Nomaden ohne feste Wohnungen lebten, sehr wichtig. Denn so konnten sie ohne große Mühe den Büffelherden und anderen Tieren folgen, von denen sie lebten.

Spaß im Schnee

Wenn der Winter kommt, warten viele ganz sehnsüchtig darauf, dass es zu schneien beginnt. Denn im Schnee kann man tolle Dinge machen!

Einen Schneemann bauen

Forme mit den Händen drei feste, kleine Schneebälle. Rolle die Bälle durch den Schnee, sodass sie immer größer werden. Zwischendurch klopfst du den neuen Schnee, den deine Kugel beim Rollen aufgenommen hat, gut fest.

Baue den perfekten Schneemann.

Die erste Kugel rollst du, bis sie so groß wie ein Hüpfball ist. Sie ist das Fundament, auf dem die zweite und etwas kleinere Kugel steht. Zum Schluss setzt du vorsichtig die dritte und kleinste Kugel auf die zweite.

Die oberste Kugel ist der Kopf. Traditionell bekommt der Schneemann eine Karotte als Nase ins Gesicht gesteckt. Drücke dort, wo die Augen und der Mund hin sollen, Kastanien oder Kohlestücke in das Schneegesicht.

Gib dem Schneemann Arme, indem du Äste links und rechts in die mittlere Kugel steckst.

Ein cooler Schneemann hat zwei Ohren am Kopf. Du brauchst nur einen kleinen Plastikbecher zweimal mit Schnee zu befüllen und diesen oben auf den Kopf zu stülpen.

Schneeballschlacht

Andere mit Schneebällen bewerfen - das ist ein toller Winterspaß! Der ideale Ball hat die Größe eines Tennisballs. Übe immer etwas Druck aus, wenn du ihn formst.

Werde zum Schneeball-Profi!

Bei einer Schneeballschlacht kämpft meist jeder gegen jeden. Ihr könnt aber auch zwei gleich große Gruppen bilden, die sich an einer Linie gegenüberstehen. Wer sichtbar am Oberkörper getroffen wird, muss sich in den Schnee plumpsen lassen und den Kampf einstellen. Wenn ein Team komplett am Boden liegt, hat es verloren. Wichtig aber ist: Man darf niemals ins Gesicht zielen!

TOGGO CLEVER CLUB
www.toggo-cleverclub.de

Wie entsteht Schnee? „Frag WOW" im TOGGO-CleverClub! Mehr Infos zum Club im Vorwort auf Seite 3!

Zeichen und Signale

Echte Abenteurer sind in Gegenden unterwegs, in denen es keinen Handyempfang gibt. Deshalb müssen sie sich auf andere Weise verständigen.

Hier lang!

Mit kleinen Ästen und Steinen kann man in der Wildnis sehr leicht Zeichen für andere hinterlassen, zum Beispiel Pfeile, die die Richtung weisen. Du kannst eine spannende Schnitzeljagd oder eine Schatzsuche (siehe Seite 82) veranstalten, indem du solche Zeichen auslegst.

Gaunerzinken und Pfadfindercode

Auch in der Stadt kannst du dich mit Zeichen verständigen, die du mit Kreide auf die Gehwege malst. Früher verständigten sich Bettler und Gauner mit solchen Kreidezeichen, den sogenannten Gaunerzinken. Eine Zickzacklinie hieß zum Beispiel: „Vorsicht, bissiger Hund!"

Bei den Pfadfindern steht ein Dreieck für Gefahr, ein Viereck heißt „Warte hier!" (eventuell mit Minutenzahl) und ein Kreis mit einem Punkt „Ich bin nach Hause gegangen." Vereinbare mit deinen Freunden eigene Zeichen. Etwa „Ruf mich an" oder „Komm zum Treffpunkt".

Hinterlasse Nachrichten mit Kreide.

Im Dunkeln kannst du Morsezeichen mithilfe einer Taschenlampe übermitteln.

Geheimnisvolle Morsezeichen

Eine weitere coole Möglichkeit, sich zu verständigen, sind Morsezeichen. Man kann mit Klopfgeräuschen morsen, mit einer Taschenlampe, einem Spiegel, den man in der Sonne aufblitzen lässt, oder Rauchzeichen. Das Morsealphabet ist allerdings etwas kompliziert. Am besten ist es, du hast die Liste immer bei dir. Wie Morsen genau funktioniert, kannst du auf Seite 138 nachlesen. Oder du erfindest dein eigenes Geheimalphabet, das kein anderer ohne Erlaubnis entschlüsseln kann.

SOS

Morsezeichen eignen sich auch gut, wenn du tatsächlich einmal in Not gerätst. Spiegelreflexe, Rauchzeichen oder Taschenlampensignale bei Nacht kann man kilometerweit sehen. Das Notrufzeichen SOS kann man sich ganz einfach merken: ••• – – – ••• (dreimal kurz, dreimal lang, dreimal kurz). Auch das Heben beider Arme ist ein Zeichen dafür, dass man Hilfe braucht. Ein gehobener Arm signalisiert hingegen „Alles okay".

So leicht kannst du Wildtieren helfen

Wünschst du dir auch insgeheim, einen Igel zu finden, den du pflegen kannst? Oder einen verletzten Vogel? In Geschichten klingt so etwas immer toll. Aber ist das auch in echt so? Sollte dir so etwas tatsächlich einmal passieren, hilfst du den Tieren am besten folgendermaßen:

Igel

Igeln geht es auch im kältesten Winter in ihrem eigenen Bau besser als in menschlicher Pflege. Es ist sogar verboten, Igel zu fangen, die nicht hilfsbedürftig sind. Wenn ihr aber Igel im Garten habt, kannst du ihnen zu Beginn des Winters etwas zu fressen hinstellen. Doch es muss das Richtige sein: Obst, Nüsse, Hunde- und Katzenfutter sind okay. Milch dürfen Igel auf keinen Fall bekommen!

Nur wenige Igel benötigen deine Hilfe.

Überwintern – ja oder nein?

Nur wenn es schon ganztägig friert und du einen Igel findest, der krank ist oder noch sehr klein (unter 300 Gramm), darfst du versuchen, ihn zu überwintern. Du musst dann zunächst mit ihm zum Tierarzt gehen und dich erkundigen, wie du ihn am besten durch den Winter bringst. Er braucht die richtige Nahrung, eine gut gepolsterte Schlafbox und viel Auslauf, weil er nicht durchgehend schläft.

Vögel und Wildtiere

Auch wenn du es gern möchtest: Um einen verletzten Vogel oder ein anderes Wildtier solltest du dich nicht selbst kümmern. Wenn du ihnen helfen willst, bringe sie zu einer Pflegestation. Adressen findest du über das Internet, den Naturschutzbund oder einen Tierarzt.

Berühre ein Vogelküken nur, wenn es sich an einer gefährlichen Stelle befindet.

Aus dem Nest gefallen

Keine Sorge! Kleine, hilflos piepsende Vögel werden irgendwann von ihren Eltern wieder abgeholt. Sie müssen nicht zur Pflegestation. Doch du kannst sie vorsichtig an eine weniger gefährliche Stelle in der Nähe oder ins Netz zurücksetzen, wenn du weißt, wo es ist. Kleine Wildtiere wie Rehe oder Hasen dagegen darfst du nicht anfassen, da deren Eltern Angst vor dem Menschengeruch haben.

Tischmanieren

Tischmanieren? Na klar! Alleskönner heißen Alleskönner, weil sie alles können – auch beim Festessen mit perfekten Tischmanieren beeindrucken.

Manieren und Patzer

Manieren heißt, dass du dich höflich benimmst, nicht dass du alles richtig machst. Zum höflichen Benehmen zählt: ordentlich bei Tisch sitzen, nicht rumzappeln und erst mit dem Essen beginnen, wenn der Gastgeber das Zeichen gegeben hat.

Die perfekten Tischmanieren – eigentlich ganz leicht

Wenn du etwas möchtest, das nicht direkt neben dir steht, bittest du darum und bedankst dich anschließend. Natürlich isst du nicht mit den Fingern, redest nicht mit vollem Mund und fällst auch niemandem ins Wort. Und dass Schmatzen, Rülpsen, Pupsen und in der Nase bohren unhöflich ist, ist sowieso klar.

So ist es perfekt

1. Gerade sitzen
2. Die Serviette auf den Schoß legen
3. Beide Hände auf den Tisch legen, aber nicht bis zum Ellenbogen
4. Bei mehreren Gängen mit dem Besteck anfangen, das ganz außen liegt
5. Erst trinken, wenn der Gastgeber das Glas hebt

Perfekt gedeckt!

Trinkgläser oder Tassen kommen rechts oben neben die Teller. Das Messer liegt rechts neben dem Teller, die Gabel links davon, der Suppenlöffel rechts neben dem Messer. Das Besteck für den Nachtisch liegt oberhalb des Tellers. Wenn Tassen aufgedeckt werden, legt man die Kaffeelöffel rechts neben die Tasse auf die Untertasse. Servietten können auf den Teller gelegt werden oder rechts daneben.

Hupsa!

Da bemühst du dich, alles richtig zu machen und dann hüpfen dir plötzlich die Erbsen von der Gabel und das Messer fällt zu Boden. Keine Panik! Das kann jedem passieren! Sage einfach „Entschuldigung". Bei einer normalen Mahlzeit hebst du dein Messer einfach wieder auf. Bei einem Festessen krabbelst du nicht unter den Tisch. Hier bringt dir der Kellner oder der Gastgeber ein neues.

So wirst du zum Profi am Reck

Reckturnen ist wie Fahrradfahren – wer einmal den Bogen raus hat, verlernt es nie mehr! Wenn du die richtigen Kniffe kennst, kannst du deinen Körper bald lässig um die Reckstange schwingen.

Werde zum Profi am Reck.

Aufschwung

Befestige die Stange auf Achselhöhe. Umfasse sie mit deinen Händen – der Daumen greift von unten, die anderen Finger liegen oben.

Wichtig ist, dass du dich nahe an die Stange stellst. Das spart Kraft! Dementsprechend musst du die Arme beugen und sie dicht an den Körper ziehen.

Mit Schwung

Jetzt holst du mit einem Bein aus und schwingst es nach oben und um die Reckstange herum. Das Standbein wird automatisch mitgezogen. Je schneller du die Hüfte zur Reckstange bringen kannst, desto leichter geht der Aufschwung.

Zum Schluss brauchst du nur noch die Arme durchzudrücken und dich so in den Stütz aufzurichten. Geschafft!

Wackelpudding

Falls es bei den ersten Versuchen nicht gleich klappt, solltest du eine Pause einlegen. Diese Übung macht nämlich aus Oberarmen Wackelpudding – mit etwas Training kommen aber bald die Muckis.

Für den Anfang sind Hilfen erlaubt. Lege zum Beispiel einen Kastendeckel hinter die Reckstange. Den kannst du wie eine Treppenstufe nutzen, um deinen Weg nach oben zu verkürzen.

Umschwung

Mache einen Aufschwung oder spring in den Stütz. Dein Körper muss von den Armen bis zu den Zehenspitzen gestreckt sein. Aus dieser Position heraus drückst du dich mit den Oberschenkeln von der Stange weg und holst Schwung.

Sobald die Beine wieder die Reckstange berühren, musst du die Hüfte etwas einknicken. Nun schwinge die Beine unter der Stange durch und ziehe sie erst nach oben und dann nach hinten. Vergiss nicht, die Hüfte nach der Umdrehung sofort wieder zu strecken. So kannst du den Schwung abbremsen.

Wenn du den Umschwung mit gebeugter Hüfte beherrschst, versuche, den Köper die ganze Zeit gestreckt zu lassen. Das ist schwierig – sollte es dir aber gelingen, bist du reif für Olympia!

Recks findest du nicht nur in der Turnhalle, sondern auch auf vielen Spielplätzen.

Witze erzählen

Es ist immer gut, ein paar Witze auf Lager zu haben. Damit kannst du eine Gesellschaft unterhalten oder einen Freund aufheitern, der gerade etwas traurig ist.

Werde zum coolsten Witzeerzähler der Schule!

Kleiner Tipp

Wenn du einen Witz machst, darfst du währenddessen nicht lachen. Lerne den Witz auswendig, damit du ihn flüssig wiedergeben kannst. Und koste die Pointe, das ist der lustige Schlusseffekt des Witzes, schön aus. Wenn du beim Erzählen auch noch deine Mimik einsetzt, indem du beispielsweise dein Gesicht verziehst oder schelmisch grinst, ist der Witz gleich zweimal so spaßig!

Sammlung lustiger Witze

Erzählt ein Mann: „Ich habe mir ein Stinktier gekauft!" Fragt die Nachbarin: „Und was ist mit dem Gestank?" Antwortet der Mann: „Ach, es wird sich schon daran gewöhnen!"

„Endlich habe ich ein Mittel gegen Vergesslichkeit gefunden", freut sich der Professor. „Und, was ist es?" will sein Kollege wissen. Der Professor schaut ihn erschrocken an: „Oh, das hab ich vergessen!"

Ein Opa geht durch den Park. Plötzlich sieht er einen alten Spiegel im Gras liegen. Er hebt ihn auf, schaut hinein und sagt: „Dieses Bild hätte ich aber auch weggeworfen!"

Laufen zwei Zahnstocher durch die Wiese. Plötzlich kommt ein Igel vorbei. Sagt der eine Zahnstocher: „Ich wusste gar nicht, dass heute noch ein Bus geht!"

Kommt ein Frosch in den Laden. Fragt der Verkäufer: „Was wünschen Sie?" Antwortet der Frosch: „Quark!"

Tommy hat ein Fahrrad geschenkt bekommen. Er dreht die erste Runde ums Haus, tritt zuerst kräftig in die Pedale und streckt dann die Füße nach vorn aus. Dabei ruft er der Mutter zu: „Schau mal, ganz ohne Beine!" Während der zweiten Runde nimmt er die Hände vom Lenkrad und ruft: „Schau mal, ganz ohne Arme!" Kaum ist Tommy wieder hinter dem Haus verschwunden, hört die Mutter ein unheilvolles Geräusch. Nach ein paar Minuten biegt Tommy zerzaust um die Ecke und ruft: „Schau mal, ganz ohne Zähne!"

Mit der richtigen Grimasse wir jeder Witz ein Hit!

Vergrabe eine Zeitkapsel

Sollen die Menschen in 20, 50 oder 100 Jahren wissen, wie und womit du gelebt hast? Dann baue eine Zeitkapsel und vergrabe sie.

Nimm deine schönsten Erinnerungen ...

Was ist eine Zeitkapsel?

Eine Zeitkapsel ist ein Behälter, der Dinge enthält, die typisch für eine bestimmte Zeit sind. Wird das Gefäß gefunden und geöffnet, bekommt die Nachwelt einen Eindruck, wie es zum Beispiel im Jahr 2010 auf der Erde ausgesehen hat.

Du kannst auch eine Zeitkapsel einrichten, die du selbst zu Lebzeiten öffnest, um deine Kindheit oder Jugend ins Gedächtnis zurückzurufen.

Das kommt in eine Zeitkapsel

Möchtest du die Kapsel in ein paar Jahrzehnten selbst öffnen, lege vor allem persönliche Gegenstände hinein.

Das können zum Beispiel Fotos von dir und deinen Freunden, Briefe, ein Tagebuch, ein Zettel mit deinen Zukunftsvorstellungen oder eine CD mit aktueller Musik sein.

Ist die Aufbewahrung der Zeitkapsel für einen längeren Zeitraum gedacht, bieten sich allgemeinere Dokumente an. Beispielsweise Münzen, aktuelle Zeitungen, Bilder oder Informationen zu deiner Stadt. Vorsicht mit CDs und anderen elektronischen Medien, sie überleben vermutlich kein Jahrhundert. Du kannst auch eine Botschaft von dir hinzulegen.

So wird sie aufbewahrt oder vergraben

Die einzelnen Gegenstände können über die Jahre äußeren Einflüssen ausgesetzt sein und sollten deshalb möglichst wasser- und luftdicht verpackt werden, zum Beispiel in Plastikfolie eingeschweißt.

Soll deine Zeitkapsel nur einige Jahrzehnte überleben, lege alles in eine gut verschließbare Plastikdose oder ein stabiles Glasgefäß. Bewahre sie an einem trockenen und dunklen Ort im Keller oder auf dem Dachboden auf.

Soll die Kapsel 100 Jahre überdauern, nimm einen rostfreien Metallbehälter. Vergrabe ihn in der Nähe eines Baumes in etwa zwei Meter Tiefe. Dann muss die Kapsel nur noch wiedergefunden werden.

... und verpacke sie in einer Metallbox.

Pflanzen unterscheiden, die ähnlich aussehen

Manche Pflanzen sehen sich sehr ähnlich. Das ist besonders gefährlich, wenn die eine lecker und die andere giftig ist.

Einbeere - Tollkirsche - Heidelbeere

Giftig - die Einbeere

Giftig - die Tollkirsche

Essbar - die Heidelbeere

Alle diese Beeren sind schwarzblau und glatt. Die Einbeere (sehr giftig) sieht der Heidelbeere ähnlich, wächst aber einzeln an der Spitze eines Stängels. Außerdem hat sie völlig andere Blätter. Tollkirschen (auch sehr giftig) wachsen an größeren Sträuchern. Sie sind größer, fast schwarz und sitzen in einem Kranz grüner Kelchblätter.

Grüner Knollenblätterpilz - Wiesenchampignon

Giftig - der Grüne Knollenblätterpilz

Essbar - der Wiesenchampignon

Diese beiden Pilze unterscheiden sich in der Farbe der Lamellen (der Blättchen unter dem Hut) und durch die Manschette (den Ring) am Stiel.

Aber das ist egal. Fass bitte nie etwas an, das nach einem Knollenblätterpilz aussieht! Ein einziger Pilz kann eine ganze Familie umbringen. Und das passiert immer wieder, weil die Unterscheidung eben nicht sicher ist.

Satansröhrling – Steinpilz

Giftig – der Satansröhrling

Essbar – der Steinpilz

Der Satansröhrling ist der einzige Röhrenpilz (mit schwammartigem Gewebe an der Hutunterseite), der giftig ist. Sein knolliger Stiel ist gelblich und wird von einem feinen, rötlichen Netz überzogen. Steinpilze dagegen haben einen hellbraunen Stiel.

Schwefelkopf – Stockschwämmchen

Beide Pilze wachsen in Kolonien auf toten Holzstämmen. Die Schwefelköpfe sind eher gelb, die Stockschwämmchen eher bräunlich.

Solltest du aus Versehen einmal einen Schwefelkopf essen, wirst du ihn sofort erkennen: Er schmeckt bitter. Zwar ist er nicht tödlich, trotzdem kann er Übelkeit und Magenbeschwerden hervorrufen.

Giftig – der Schwefelkopf

Essbar – das Stockschwämmchen

Maiglöckchen – Bärlauch

Giftig – das Maiglöckchen **Essbar** – der Bärlauch

Am besten kann man Bärlauch von den giftigen Maiglöckchenblättern unterscheiden, indem man ein Blatt zerreibt. Bärlauch riecht nach Knoblauch. Aber Achtung! Beim zweiten Mal merkt man nicht mehr, ob der Geruch vom Blatt oder von den Fingern kommt.

Die besten Faschingskostüme

Eine Faschingsparty ist ein herrlicher Anlass, um in eine andere Haut zu schlüpfen. Doch woher so schnell eine Verkleidung nehmen? Wirf doch einfach einen Blick in deinen Schrank. Mit kleinen Änderungen lassen sich normale Kleidungsstücke in wirklich tolle Kostüme verwandeln.

Panzerknacker

Mit einer blauen Jeans, einem roten Shirt und einem (möglichst blauen) Basecap hast du die Basis für den lustigen Einbrecher. Schreibe auf Tonpapier eine Sträflingsnummer, zum Beispiel 176-617, und klebe sie vorn und hinten auf das T-Shirt. Male anschließend mit brauner oder schwarzer Schminke Bartstoppeln und eine dicke Brille auf dein Gesicht. Dagobert Ducks Tresor wartet schon auf dich!

Hexe

Für dieses Kostüm trägst du mehrere Lagen Röcke und Oberteile übereinander. Dabei darfst du ruhig Muttis Kleiderschrank inspizieren und einen alten, viel zu großen Rock überziehen. Auch kaputte oder geflickte Kleidungsstücke eignen sich bestens. Auf den toupierten Haaren trägst du ein Kopftuch oder einen schwarzen Hexenhut. Einen gräulichen Schimmer bekommt dein Schopf, wenn du Mehl im Haar verteilst. Ins Gesicht malst du mit brauner Schminke Falten und Warzen. Das Wichtigste ist jedoch der Reisigbesen, mit dem die böse Hexe um den Blocksberg fliegt.

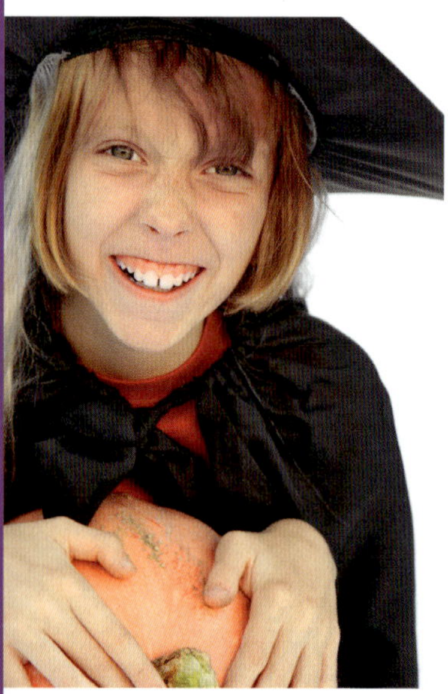

Werde zu einer abscheulichen Hexe.

Mein coolstes Faschingskostüm! ____________
Datum

Koch

Mit einer karierten oder dunklen Hose, einem weißen Oberteil und einer Schürze könntest du fast in einem Restaurant anheuern. Fehlt nur die Kochmütze, die du selbst bastelst. Schneide einen weißen Streifen Tonpapier ab und klebe oder tackere ihn in deiner Kopfgröße zusammen. Klebe anschließend weißes Krepppapier von innen an den Streifen, sodass eine hohe Mütze entsteht. Kochlöffel in die Hand und ein Michelin-Stern ist dir sicher.

Mumie

Umwickle deinen ganzen Körper mit Mullbinden und schminke das Gesicht weiß. Trage darunter ein weißes T-Shirt und Leggings. Dann noch weiße Handschuhe und Schuhe anziehen und du kannst die Pyramide verlassen.

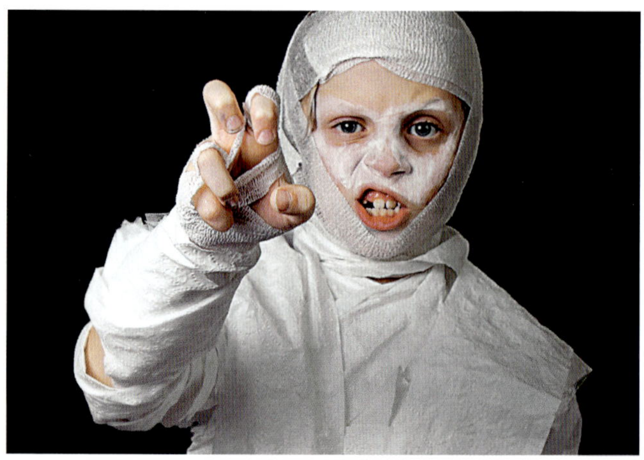

Verkleide dich als gruselige Mumie.

Rodelspaß

Plastikbob, Holzschlitten oder Riesenreifen – damit kannst du im Winter vortrefflich die Hügel heruntersausen. Doch Gefährt ist nicht gleich Gefährt! Diese drei Fortbewegungsmittel sind so unterschiedlich wie Sportwagen, Geländefahrzeug und Limousine. Was passt am besten zu dir?

Reifenrutschen

Die robusten Schlepper- oder LKW-Reifen sind klasse zum Hineinlümmeln. Dein Hinterteil hängt allerdings im Loch. Daher musst du es immer schön in der Luft halten, sonst wird der Po zur Bremse. Deine Arme und Beine kannst du locker über den Reifen baumeln lassen.

Vorteil

Dein Gefährt dreht sich beim Hinunterfahren, das bringt extra viel Spaß.

Nachteil

Der Reifen lässt sich nicht lenken oder bremsen. Du darfst also nur den Berg hinabrutschen, wenn die Strecke frei ist und flach ausläuft.

Bobfahren

Die Fahrt in der Plastikschale ist etwas für Sport-Asse! Je flacher du dich in den Bob legst, desto größer wird dein Tempo. Ist der Oberkörper hingegen aufgerichtet, erhöht sich der Luftwiderstand. So wird deine Fahrt langsamer.

Rodeln mit dem Bob – was gibt es Schöneres?

Vorteil

Der Bob lässt sich durch die Kordel gut steuern. Manche haben sogar ein Lenkrad. Außerdem ist er nicht teuer und braucht kaum Pflege.

Nachteil

Man spürt jede Unebenheit auf der Piste und benötigt ausreichend Schnee unter der Wanne, sonst geht es kaum vorwärts.

Holzschlitten sind schnell und leicht zu lenken.

Schlittenfahren

Der Holzschlitten ist perfekt für alle, die es schnell mögen. Lenken kannst du ihn mit den Armen und Beinen, durch die Verlagerung deines Gewichtes kommst du um die Kurven. Die Steuerung erfordert aber etwas Übung!

Vorteil

Mit dem schnellen Holzschlitten gewinnst du jedes Rennen.

Nachteil

Auch wenn es sich lohnt: Ein richtig guter Holzschlitten hat seinen Preis. Du musst die Kufen außerdem immer gut pflegen. Entferne den Winterrost mit Schmirgelpapier und reibe die Unterseite der Kufen mit einer Speckschwarte ab. Du kannst sie aber auch einwachsen und anschließend glatt polieren. Wenn du die Kufen anwärmst, wird dein Schlitten noch schneller.

So machst du mit einer Flasche Musik

Um Blasmusik zu machen, benötigst du keine teuren Instrumente. Mit Flaschen und etwas Wasser kannst du tolle Töne erzeugen. Es gibt sogar eine Musikgruppe, die ausschließlich auf Leergut spielt und Konzerte gibt. Sei keine Flasche, sondern schnapp dir eine und probier es aus.

Erzeuge mit verschieden großen Flaschen unterschiedliche Töne.

Halte die Flaschenöffnung waagrecht an die Unterlippe. Spitze den Mund ein wenig und puste sachte über den offenen Hals der Flasche. Achte darauf, dass du nicht direkt hineinbläst, sondern über den Rand. Versuche es öfter und mache zwischendurch immer wieder Pausen, damit dir nicht schwindelig wird.

Musik machen

Kannst du problemlos einen Ton blasen, versuche, mit mehreren Flaschen ein Lied oder eine Melodie zu spielen. Dafür füllst du in verschiedene Flaschen unterschiedlich viel Wasser.

Mit kleinen Flaschen erzeugst du höhere Töne, mit großen Flaschen tiefere. Je mehr Wasser im Leergut ist, umso höher klingt es. Besonders viel Spaß macht es, wenn du mit deinen Freunden gemeinsam auf den Flaschen musizierst.

So machst du auf Glasrändern Musik

Nicht nur Flaschen, sondern auch Gläser lassen sich mit Wasser prima zu Instrumenten umfunktionieren. Mit etwas Übung und Geschick kannst du auf Glasrändern Töne erzeugen.

Fülle in die Gläser unterschiedlich viel Wasser. Befeuchte deine Finger und streiche langsam am Glasrand entlang. Halte dafür das Glas am besten mit einer Hand unten fest. Mit einem Finger der anderen Hand drückst du beim Umkreisen etwas auf den Rand. Vollere Gläser erzeugen dabei tiefere Töne. Auch diesen musikalischen Zeitvertreib kannst du mit Freunden gemeinsam ausüben.

Vorsicht

Dünnwandige Wein- oder Sektgläser eignen sind am besten zum Musizieren. Doch leider sind diese feinen Gläser besonders zerbrechlich. Frage deshalb besser deine Eltern, ob du die wertvollen Kelche benutzen darfst.

Fülle ein Glas mit Wasser und streiche mit dem feuchten Finger über den Rand – hörst du etwas?

So wirst du zum perfekten Gast

Eine Einladung zu erhalten, ist immer eine Ehre. Zeig dem Gastgeber deshalb durch dein Verhalten, dass du diese auch zu schätzen weißt.

Mit netten Gästen feiert man besonders gern.

Einladung zusagen

Wenn du von deinem Gastgeber direkt angesprochen wirst, kannst du sofort zu- oder absagen. Bei einer schriftlichen Einladung (zum Beispiel E-Mail oder Karte) darf man nicht vergessen, eine Antwort zu geben. In manchen Schreiben wird der Eingeladene sogar durch die Aufforderung „Um Antwort wird gebeten!" daran erinnert. Melde dich schnell, damit der Gastgeber besser planen kann!

Gastgeschenke

Der Gastgeber hat Geburtstag und du weißt nicht, was du ihm schenken sollst? Kein Problem! Frag doch einfach, was er sich wünscht. Eine gute Gelegenheit dafür bietet sich, wenn du ihm deine Zusage gibst. Ist der Wunsch etwas größer, dann versuche herauszufinden, wer noch eingeladen ist. Vielleicht könnt ihr etwas Geld zusammenlegen.

Bist du ohne speziellen Anlass eingeladen, dann freut sich der Gastgeber trotzdem über ein kleines Geschenk wie eine leckere Tafel Schokolade.

Dresscode

Dresscode bedeutet, dass den Gästen eine Vorgabe gemacht wird, was sie anziehen sollen. Bist du auf eine Mottoparty eingeladen (zum Beispiel auf einer Pyjamaparty oder einem Halloweenfest), solltest du kein Spielverderber sein und dich entsprechend kleiden.

Pünktlichkeit

Ein Sprichwort sagt: „Pünktlichkeit ist die Höflichkeit der Könige." Halte dich genau an die zeitliche Vorgabe. Es ist nicht nett, wenn der Gastgeber auf dich warten muss!

Einladung ins Königshaus

In England dürfen Besucher, die in den Palast geladen werden, die Queen oder den König auf keinen Fall einfach so berühren. Man muss warten, bis das gekrönte Haupt von sich aus die Hand reicht.

Dank aussprechen

Vergiss nicht, dich bei der Verabschiedung zu bedanken. War die Party besonders schön oder der Anlass sehr festlich? Dann nimm dir die Zeit, noch einmal schriftlich „Dankeschön" zu sagen.

Als Gast solltest du immer eine Kleinigkeit mitbringen.

Schatzsuche

Wie gut deine Orientierung (siehe Seite 43) ist, testest du am besten zusammen mit deinen Freunden bei einer spannenden Schatzsuche. Wie wäre es, wenn du zum Beispiel bei deiner Geburtstagsfeier eine Schatzsuche für deine Gäste veranstaltest?

Die meisten Schätze werden vergraben. Aber du kannst deinen Schatz auch auf einem Baum oder einer Mauer ablegen. Viele Schatzsucher denken nicht daran, nach oben zu gucken.

Raubritter Kuniberts Beute

Schätze liegen nicht so einfach herum. Irgendjemand hat sie irgendwann einmal versteckt. Denke dir also eine spannende Geschichte über einen Schatz aus. Erzähle beispielsweise vom Raubritter Kunibert, der die Beute seiner Raubzüge im Wald vergrub.

Eine Schatzkarte bringt euch auf den richtigen Weg.

Je mehr Details du dir überlegst und je stärker du deine Erzählung ausschmückst, desto spannender wird es. Berichte zum Beispiel davon, dass Ritter Kunibert geschnappt und in ein schreckliches Verlies geworfen wurde, aber trotzdem nie verraten hat, wo seine Beute liegt.

Ein todsicheres Versteck

Wichtig ist es, für den Schatz ein gutes Versteck zu finden, das nicht zu leicht, aber auch nicht zu schwer zu finden ist. Pack alles gut ein, damit nicht Tiere die Schokolade (oder was immer dein Schatz ist) annagen, bevor ihn deine Freunde gefunden haben.

Eine geheimnisvolle Karte

Natürlich hat Ritter Kunibert eine Schatzkarte hinterlassen, damit seine Nachkommen die Beute später einmal finden. Die Karte, die du zeichnest, darf ebenfalls nicht zu leicht und nicht zu schwer zu entziffern sein.

Du kannst sie auch mit Details schmücken, zum Beispiel mit Ritter Kuniberts Wappen oder mit einem Fluch, der alle treffen soll, die diesen Schatz unerlaubt an sich nehmen. Wenn du das Papier vorher über eine Kerze hältst, wird es braun und sieht alt aus.

Verstecke den Schatz gut.

Schulbücher, Ordner und Hefte gestalten

Lernen macht mehr Spaß, wenn deine Schulmaterialien bunt und witzig aussehen. Für die Hefte verlangen manche Lehrer einheitliche Umschläge. Aber beim Einband deiner Bücher oder der Gestaltung deiner Ordner und deines Hausaufgabenheftes sind deiner Fantasie keine Grenzen gesetzt.

Individuelle Note setzen

Was sind deine Lieblingsfarben? Welche Basteltechniken machen dir besonders Spaß? Was magst du am meisten? Pferde, Hunde, Blumen, Autos, Fußballstars, Science-Fiction? Gestalte deine Schulsachen so, wie sie dir am besten gefallen.

Viele Ideen

- Klebe ein Foto deines Lieblingstieres auf deine Ordner und Hefte.
- Beklebe Ordner und Hefte mit einer Collage aus vielen verschiedenen Bildern aus Zeitschriften oder Katalogen - oder mit allen Aufklebern, die du finden kannst.
- Beklebe deinen Ordner oder einen Buchumschlag mit getrockneten Blumen oder Blättern (siehe Seite 136). Überziehe das Ganze dann noch mal mit selbstklebender Folie, damit die Blumen und Blätter geschützt sind.

Weg mit langweiligen Schulbüchern - gestalte sie nach deinen Vorstellungen.

Richtig einbinden

Schulbücher kann man mit Folie oder dickem Papier (zum Beispiel Packpapier) einbinden. Folie ist stabiler. Papier lässt sich aber besser bemalen oder bekleben. Zum Einbinden legst du das geöffnete Buch auf das Umschlagmaterial. Schneide dieses so zurecht, dass es an allen Seiten etwa fünf Zentimeter übersteht.

Schnapp dir Papier, Klebstoff, Stifte und Pinsel und verschönere deine Ordner, Hefte und Bücher.

Klappe das Buch zusammen und lege das Papier darum herum. Mache nun am Buchrücken oben und unten je zwei Einschnitte in das Papier. Nimm das Buch wieder weg und knicke die so entstandenen Laschen nach innen. Lege im Anschluss das Buch wieder an die richtige Stelle.

Schneide dann an allen vier Ecken die Dreiecke weg. Klappe das Buch wieder auf, schlage die Kanten ein und befestige sie mit einem Stück Klebefilm. Halte währenddessen das Buch nur leicht geöffnet.

TOGGO CLEVER CLUB
www.toggo-cleverclub.de

Im Bastelbereich des TOGGO-CleverClub findest du weitere coole Ideen für die Gestaltung deiner Schulsachen! Du möchtest den Club testen? Den Zugangscode findest du auf Seite 3!

So öffnest du eine Kokosnuss

Kokosnüsse sind cool. Vor allem wenn man „Schiffbrüchige auf einer einsamen Insel" spielt, sind sie der Clou. Oder sie ist der Preis, der am Ende einer spannenden Schatzsuche winkt (siehe Seite 82). Aber wie öffnet man sie, wenn man sie gefunden hat?

Welches Loch ist das richtige?

In der Kokosnuss ist Kokoswasser, das schon manchen Schiffbrüchigen vor dem Verdursten gerettet hat. Das muss zuerst heraus. Am Ende der Nuss findest du drei rundliche Vertiefungen. Zwei davon sind ganz hart, die dritte jedoch weicher. Diese kannst du anbohren. Am besten, indem du mit dem Hammer einen Nagel hineinschlägst. Ziehe den Nagel wieder heraus und trinke das Kokoswasser mit einem Strohhalm!

Die Kokosnuss ist geknackt!

Das Knacken!

Wie aber kommst du an das leckere Kokosfleisch? Wickle die Nuss in ein Tuch und schlage mit der spitzen Seite des Hammers so lange darauf, bis die Schale springt.

Spaghetti essen

Spaghetti essen? Klar kannst du das! Das ist ja schließlich eine deiner Lieblingsmahlzeiten. Aber kannst du es auch richtig?

Gekonnt gedreht

Spaghetti mit dem Messer in kleine Stücke zu schneiden, ist nur was für kleine Kinder. Deshalb muss man irgendwann den richtigen Dreh mit der Gabel lernen. Wichtig ist dabei, dass du nur zwei bis drei Nudeln auf einmal aufwickelst, denn sonst bildet sich am Ende ein Riesenklumpen, den du nicht mehr in den Mund bekommst.

Hilfsmittel Löffel

Am einfachsten geht das Aufwickeln, wenn man die Gabel mit den Nudeln in einem Löffel dreht. Zu Anfang kann man das so üben. Aber wenn man alles richtig machen will, dreht man die Spaghetti nicht im Löffel, sondern am Tellerrand. Dazu muss dieser allerdings gewölbt sein. Deswegen werden Spaghetti in italienischen Restaurants auch in tiefen Tellern serviert.

So isst man Spaghetti jedenfalls nicht!

Seifenblasen

Du hast Lust, schöne schillernde Seifenblasen zu machen, doch deine Seifenflüssigkeit ist schon wieder leer? Hier kommt die Lösung: Mixe das Seifenblasenwasser doch einfach selbst – mit Zutaten, die du aus der Küche stibitzen kannst, und Glyzerin aus der Apotheke findest du hier zwei Rezepte.

Rezept 1

Du benötigst
1 Liter destilliertes Wasser
3 Esslöffel Geschirrspülmittel
1 Esslöffel Glyzerin

Und so gehts
Mixe alle Zutaten zusammen und rühre das Gemisch um. Warte, bis die Flüssigkeit nicht mehr schäumt. Am besten, du lässt sie über Nacht ruhen.

Rezept 2

Du benötigst
1 Liter warmes Wasser
5 Esslöffel grüne Seife oder Schmierseife
3 Esslöffel Glyzerin
1 Teelöffel Zucker

Und so gehts
Löse die Seife im warmen Wasser auf. Rühre das Glyzerin und den Zucker hinein. Ist die Seifenlauge erkaltet, kannst du mit dem Pustespaß beginnen.

Pustering basteln

Für die Seifenblasenflüssigkeit kannst du den Pustering einer gekauften Flasche benutzen. Doch ist auch dieser im Müll gelandet, bastle dir schnell einen neuen. Dein Vorteil: Du kannst die Schlaufe beliebig groß machen, damit riesige Blasen entstehen.

Stelle dir dein eigenes Seifenblasenwasser her und los gehts!

Riesenseifenblasen
Willst du riesige Seifenblasen haben? Dann stelle mindestens die doppelte Menge an Seifenblasenwasser her und bastle einen besonders großen Pustering. Durch diesen solltest du jedoch nicht mehr blasen. Besser ist es, ihn langsam durch die Luft zu schwingen.

Und so gehts
Du benötigst festen Draht sowie Wolle oder einen Schnürsenkel. Forme aus dem Draht eine Schlinge und verdrehe die beiden Enden zu einem Griff. Umwickle dann den Draht mit der Wolle oder dem Schnürsenkel. Du kannst auch aus einem Pfeifenputzer einen Pustering formen.

Bowling

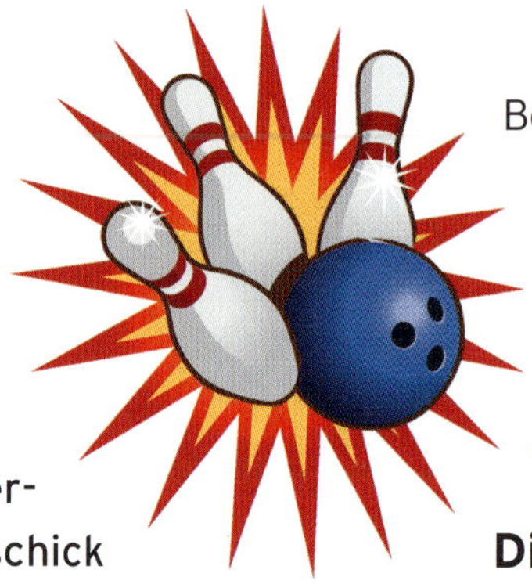

Bowling ist ein Spiel, das extrem viel Spaß bringt. Denn auch wenn du nicht besonders sportlich bist, kannst du Bowling-König werden. Dazu braucht es nur etwas Geschick und ein gutes Auge!

Vorbereitungen

Falls du eine Bowling-Bahn besuchst, solltest du bequeme Kleidung anziehen. Die richtigen Schuhe kann man sich dort leihen. Viele Bowling-Center haben extraleichte Kugeln für Kinder oder Bahnen, bei denen die Seitengräben erhöht sind („Bumper Bowling"). So findet jeder Wurf sein Ziel!

Bowling zu Hause

Soll die Bowling-Party bei dir zu Hause steigen, benötigst du einen ebenen Weg, zehn Kegel und einen kleinen Ball.

Ordne die Kegel folgendermaßen an.

Ziehe eine Startlinie und stelle die Kegel mindestens sechs Meter weit entfernt davon auf. Du kannst auch einen größeren Abstand nehmen, das macht es schwieriger.

Die Kegel sind im Dreieck angeordnet, wobei die Spitze mit einem Kegel zur Startlinie zeigt. In der letzten Reihe stehen vier Kegel.

Bowling kommt aus Amerika. Deshalb haben die Fachbegriffe englische Namen. Präge sie dir ein, damit kannst du die Mitspieler richtig toll beeindrucken (siehe Kasten Seite 87 unten).

Die wichtigsten Spielregeln

In jedem Durchgang hat ein Spieler nacheinander zwei Versuche, um möglichst viele Pins umzukegeln.

Nach den zwei Würfen werden die umgeworfenen Pins gezählt. Für jeden Kegel, der am Boden liegt, gibt es einen Punkt.

Wer mit dem ersten Wurf eines Frames alle zehn Pins abräumt, hat einen Strike erzielt. Damit ist der Durchgang für den Spieler sofort beendet.

Ein Strike bringt dem Spieler mindestens zehn Punkte. Zusätzlich werden ihm für diesen Durchgang noch jene Punkte gutgeschrieben, die er mit den nächsten beiden Würfen erzielt.

Braucht man beide Würfe eines Durchgangs, um die zehn Pins wegzukegeln, hat man ein Spare erzielt.

Für jeden Pin, der am Boden liegt, gibt es einen Punkt.

Beispiel
3. Runde: Max wirft einen Strike, das Frame ist für ihn somit beendet.
4. Runde: Max schafft mit dem ersten Wurf drei Pins, mit dem zweiten Wurf vier Pins.
Punkteverteilung: Max kann in der dritten Runde insgesamt 17 Punkte einfahren: zehn Punkte für den Strike plus sieben Punkte aus den nächsten beiden Würfen. Für die vierte Runde erhält er sieben Punkte.

Ein Spare bringt dem Spieler mindestens zehn Punkte. Zusätzlich erhält er die Punkte, die er mit dem nächsten Wurf abräumt.

Wenn jeder zehn Durchgänge absolviert hat, ist das Spiel vorbei. Es gewinnt der Spieler mit den meisten Punkten.

Beispiel
8. Runde: Moritz erzielt ein Spare.
9. Runde: Moritz schafft mit dem ersten Wurf zwei Pins, mit dem zweiten Wurf sechs Pins.
Punkteverteilung: Moritz räumt in der achten Runde insgesamt zwölf Punkte ab: zehn Punkte für den Spare plus zwei Punkte aus dem nächsten Wurf. Für die neunte Runde erhält er acht Punkte.

Der optimale Wurf

Beim Besuch einer Bowling-Bahn wirst du feststellen, dass die Kugeln drei Löcher haben. Sie sind für Daumen, Mittel- und Ringfinger bestimmt.

Nimm etwas Anlauf, üblich sind vier Schritte. Wenn du die Bowlingkugel rechts hältst, sollte im Moment der Ballabgabe der linke Fuß vorn stehen. Bei Linkshändern ist es genau umgekehrt. Nun musst du die Kugel von hinten gerade nach vorn schwingen.

Der Ball wird nicht geworfen, sondern mit einer fließenden Bewegung und etwas Schwung auf die Bahn geführt.

Bowling macht Spaß.

Begriff	Aussprache	Bedeutung
Pin	Pinn	Ein „Pin" ist ein Kegel.
Frame	Frejm	Bei einer Bowlingpartie werden zehn Durchgänge gespielt. Ein Durchgang heißt „Frame". Pro Frame hat ein Spieler zwei Würfe.
Strike	Sstreik	Wer mit dem ersten Wurf in einem Frame alle zehn Pins abräumt, hat einen „Strike" erzielt.
Spare	Spär	Braucht ein Spieler beide Würfe eines Frames, um die zehn Pins abzuräumen, nennt man dies „Spare".

So beobachtest du Insekten, Spinnen & Co.

Auch ganz kleine Tiere wie Insekten sind spannend zu beobachten. Um sie aber wirklich gut studieren zu können, musst du ein paar Tricks anwenden.

Unter die Lupe genommen

Es ist spannend, Insekten zu beobachten.

Um kleine Tiere zu betrachten, eignen sich Becherlupen prima. Das sind Becher, deren Deckel aus einer Lupe besteht. Wenn du ein Tier gefangen hast, setzt du es vorsichtig hinein und kannst es durch die Lupe genau beobachten. Oder du schöpfst mit dem Becher einfach etwas Wasser aus einem Teich. Du wirst staunen, wie sehr es darin wimmelt.

Selbst gemacht

Eine Becherlupe kannst du dir selbst basteln. Du benötigst einen leeren Joghurtbecher, in den du dein Untersuchungsobjekt legst.

Auf den Becher spannst du straff ein Stück Klarsichtfolie, die du mit einem Gummi befestigst.

Auf die Folie gibst du dann einen dicken Wassertropfen. Der gewölbte Tropfen wirkt wie eine Lupe, allerdings lange nicht so gut wie eine Lupe aus Glas.

Der Weg der Ameisen

Ameisen folgen immer bestimmten Straßen. Wenn du eine solche Straße gefunden hast, kannst du vorsichtig ein Blatt weißes Papier darauf legen. Auf dem hellen Papier siehst du viel besser, was die Ameisen alles hin und her schleppen.

Die Insektenfalle

Hast du eine Ahnung, wie viele Tiere in altem Laub leben? Du kannst es leicht herausfinden. Nimm ein großes Glas und wickle eine schwarze Manschette darum. Dann setzt du einen Küchentrichter drauf, in den du feuchtes Laub gibst. Das Ganze postierst du nun unter einer Stehlampe, etwa zehn Zentimeter von der Glühbirne entfernt.

Die Tiere aus dem Laub werden in das dunkle, kühle Glas flüchten. Nach etwa zwei Stunden entfernst du den Trichter, schraubst das Glas zu und entfernst die Manschette. Nun kannst du die Tiere im Glas beobachten. Aber lass sie bitte wieder frei, bevor ihnen die Luft zum Atmen ausgeht!

Überleben in der Natur

Die richtigen Survivaltricks, um in der Wildnis zu überleben, braucht man in Deutschland eigentlich kaum. Aber du kannst natürlich so tun als ob. Damit du für den Fall der Fälle gerüstet bist.

Am wichtigsten: Wasser

Ein Mensch kann wochenlang ohne Essen überleben, aber nur wenige Tage ohne Wasser. Deshalb ist es am wichtigsten für das Überleben, an Trinkwasser zu gelangen. Aber was tut man, wenn man keines findet?

Die Wasserfalle

Mit einer Wasserfalle kann man selbst in der Wüste Wasser gewinnen. Dazu gräbt man ein möglichst tiefes Loch. In dieses stellt man einen Topf oder Becher. Dann legt man eine durchsichtige Folie über das Loch und befestigt sie am Rand mit Steinen. Außerdem platziert man einen kleinen Stein in der Mitte, sodass die Folie etwas durchhängt.

An der Unterseite der Folie bilden sich Wassertropfen.

In der Sonne kondensiert die Feuchtigkeit aus der Erde nun an der Folie zu Tropfen. Diese laufen dann in den Becher. Du könntest sogar dreckiges Wasser in das Loch kippen oder hineinpinkeln. Durch die Kondensation kommt es als sauberes Wasser in den Becher.

Schließlich fallen die Tropfen in deinen Becher und sammeln sich dort.

Trocken und warm

Wichtig für das Überleben in der Natur ist auch, dass du nicht auskühlst. Dazu heißt es vor allem: trocken bleiben. Ein echter Survivalexperte hat immer eine dünne Plastikfolie und Bindfaden dabei.

Knote den Faden an die Ecken der Folie und spanne diese als Zeltdach auf. Dann sammelst du Tannenzweige und baust dir unter der Plane daraus ein Lager. Das piekt zwar und ist ziemlich unbequem, aber besser, als wenn du dich auf die Erde legst und von unten nass wirst.

Wenn ein solches Lager dennoch zu kalt ist, wickle dich in deine Plane, damit du trocken bleibst, und grabe dich unter möglichst viel Zweigen, Laub und auch Erde ein. Am geschütztesten bist du unter den tief hängenden Zweigen eines Nadelbaums.

Sammle Zweige von Nadelbäumen und baue dir daraus ein trockenes Lager.

Kaugummiblasen machen

Auch wenn alte Kaugummis, die unter Schuhen oder Tischen kleben, echt nerven, macht es Mordsspaß, sie zu kauen. Du kannst sogar Blasen daraus machen und zum Platzen bringen!

Mit ein bisschen Übung gelingt es dir, mit einem Kaugummi eine Blase zu machen.

Drücke zuerst den Kaugummi zwischen Zunge und oberem Gaumen platt, sodass er etwa so groß ist wie eine Zweieuromünze. Er muss nicht unbedingt rund sein, Hauptsache flach.

Schiebe ihn dann mit der Zunge nach vorn gegen die leicht gespitzte Mundöffnung. Drücke mit der Zungenspitze in der Mitte ein kleines Stück Kaugummi durch die etwas geöffnete Mundöffnung hindurch.

Schon gewusst?
Wissenschaftler haben herausgefunden, dass Kaugummikauen die Mundmuskulatur entspannt und dadurch angeblich die Konzentration fördert.

Deine Zungenspitze müsste nun von einer dünnen Kaugummischicht umgeben sein. Jetzt heißt es pusten, bis es „Plopp" macht. Am besten klappt der Blasespaß mit großen, weichen Kaugummis.

Mit Stäbchen essen

Du bist in einem chinesischen Restaurant und möchtest gekonnt mit Stäbchen essen. Mit dieser Anleitung wirst du dich nicht blamieren.

Nimm ein Stäbchen und lege es am oberen, dickeren Ende in die Hautfalte zwischen Daumen und Zeigefinger. Der Ringfinger stützt dabei das vordere, dünnere Ende ab. Dieses Stäbchen sollte stabil liegen und beim Essen nicht bewegt werden.

Tipp
Gelingt es dir überhaupt nicht, mit Stäbchen zu essen, hier ein Trick: Klemme ein Stück Pappe zwischen die Enden der beiden Stäbe und umwickle sie mit Gummiband. Die Stäbchen halten sich nun wie eine Pinzette und die Nahrungsaufnahme wird sicher gelingen.

Das zweite Stäbchen hältst du wie einen Stift, also zwischen der Spitze von Daumen und Zeigefinger und stützt es zusätzlich mit dem Mittelfinger. Dieses Stäbchen muss beweglich sein, um damit das Essen einzuklemmen.

Du schnappst dir die Speisen mit diesem Spezialbesteck, indem du das zweite Stäbchen zum festliegenden Stäbchen hin- und wieder zurückbewegst.

Mit Stäbchen essen – so gehts!

Halloween feiern

Am 31. Oktober, dem Vorabend von Allerheiligen, treiben viele fürchterliche Gestalten ihr Unwesen. Dann wird nämlich Halloween gefeiert. Lass dir diesen Spaß nicht entgehen und feiere mit!

Verkleide dich zu Halloween zum Beispiel als Gespenst.

Die Verkleidung

Bei Halloween geht es darum, sich möglichst gruslig zu verkleiden. Früher glaubte das Volk der Kelten, dass an diesem Abend die Toten zu Besuch kämen. Furcht einflößende Tiermasken sollten als Tarnung dienen.

Sorge dafür, dass auch deine Tarnung schön schaurig ist! Als böse Hexe, wandelndes Skelett oder skrupelloser Pirat kannst du viele Leute erschrecken. Total angesagt sind auch Vampir-Outfits.

Dir fehlt das passende Kostüm? Kein Problem! Die einfachste Verkleidung ist die als Gespenst. Besorge ein altes, weißes Leintuch und hänge es dir über. Dort, wo Augen und Nase sind, schneidest du kleine Löcher aus. Die Ränder der runden Löcher kannst du mit einem schwarzen Filzstift dick umranden. Binde dir zum Schluss noch einen Gürtel um die Hüften, damit das Kostüm nicht verrutscht!

Süßes oder Saures

In Nordamerika hat Halloween eine große Tradition. Die Kinder verkleiden sich dort, ziehen von Haus zu Haus und fordern „trick or treat“. Das bedeutet soviel wie: Gib uns Süßigkeiten, sonst spielen wir dir einen Streich!

Versuch doch mal dein Glück bei den Nachbarn. Gemeinsam mit ein paar Freunden macht die Jagd nach Süßigkeiten mehr Spaß. Verkleidet euch, und wenn sich eine Tür öffnet, ruft ihr: „Süßes oder Saures!“ Manch einer wird euch vor lauter Schreck etwas Leckeres ins mitgebrachte Säckchen füllen!

Kürbislaterne

Die Kürbislaterne gehört unbedingt zu Halloween. Sie besteht aus einem ausgehöhlten Kürbis, bei dem Augen, Nase und Mund in Form von kleinen Dreiecken ausgeschnitten wurden. Der Mund hat eine Zickzackform, dadurch wirkt die Fratze besonders unheimlich.

Die Kürbislaterne ist typisch für Halloween.

Meine beste Halloweenparty! ______________
Datum

Kirschkernweitspucken

Einen Kirschkern auszuspucken, das ist nicht schwer. Ihn aber möglichst weit zu spucken, so etwas muss man üben. Der Inhaber des Weltrekordes spuckte einen Kern sage und schreibe 30 Meter weit.

Kirsche essen, Kern im Mund behalten und losspucken!

Und so gehts

Zuerst musst du natürlich eine Kirsche essen und den nackten Kern im Mund behalten. Stelle dich dann an eine Linie, spitze die Lippen und atme tief ein. Mit einem kräftigen Stoß pustest du anschließend den Kern aus deinem Mund.

Tipps vom Profi

Profis benutzen außerdem ihre Zunge als Rampe, indem sie den Kern darin einrollen. Beim Ausspucken streckt sich die Zunge mit einem Schlag. So bekommt das kleine Geschoss noch mehr Tempo. Natürlich darfst du auch etwas Anlauf nehmen. Achte aber darauf, die Linie nicht zu übertreten.

Wettbewerb

Mache mit deinen Freunden einen Wettbewerb, bei dem jeder drei Versuche hat. Gemessen wird nicht nur die Flugweite. Auch die Strecke, die der Kern noch über die Straße rollt, wird mitberechnet.

Ein Tischtuch wegreißen

Was passiert mit einem schön gedeckten Tisch, wenn man das Tischtuch darunter einfach wegzieht? Das kommt darauf an! Bist du geschickt genug, dann bleiben alle Teller und Tassen heil.

Das brauchst du

Zuerst einmal benötigst du ein paar alte Teller und Tassen, die schon beschädigt sind, oder - noch besser - Plastikgeschirr. So besteht keine Gefahr für Muttis bestes Porzellan und du kannst ausgiebig üben, ohne Schaden zu verursachen.

Los gehts!

Mit einer kleinen Tischdecke geht die Sache leichter. Streiche sie auf dem Tisch glatt, sodass keine Falten zu sehen sind. Für den Anfang reicht es, wenn du höchstens zwei Teller auf dem Tuch platzierst.

Achtung!

Damit dieses Kunststück gelingt, musst du das Tischtuch extrem schnell und gleichmäßig nach unten wegziehen. Der kräftige Ruck sorgt dafür, dass die Teller aufgrund ihrer physikalischen Trägheit auf dem Tisch bleiben.

Plastikgeschirr eignet sich zum Üben am besten.

Freundschaftsbänder knüpfen

Ihr seid ganz dicke Kumpels und du möchtest deiner besten Freundin oder deinem besten Freund etwas Besonderes schenken? Knüpfe Freundschaftsbänder als Zeichen eurer Verbundenheit.

Und so gehts

Du benötigst verschiedenfarbiges Baumwollgarn (Stärke 2 bis 2,5) oder glänzendes Perlgarn (Nr. 5), eine Schere und eine Sicherheitsnadel.

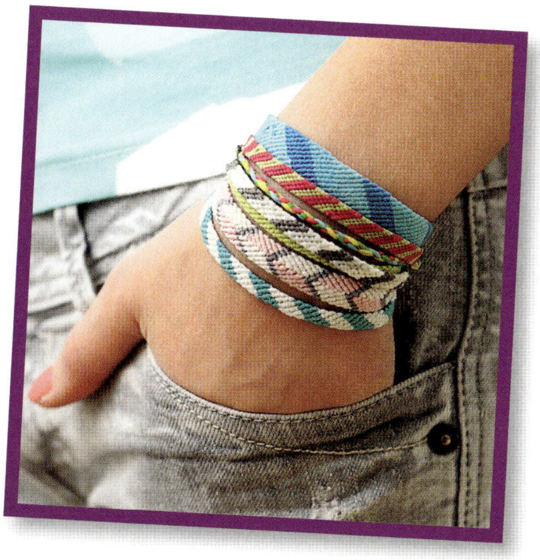

Verschenke etwas ganz Persönliches - Freundschaftsbänder.

Wähle zuerst die Farben für das Band aus und schneide dann sechs etwa 80 bis 90 Zentimeter lange Fäden ab. Du verknotest alle Bändsel miteinander, aber nicht zu fest, da der Knoten später wieder gelöst wird. Über dem Knoten bleiben etwa zehn Zentimeter Schnur stehen.

Den Knoten steckst du mit der Sicherheitsnadel an deiner Hose oder einem Kissen fest. Pass auf, dass du dich an der Nadel nicht verletzt. Die Fäden breitest du fächerartig vor dir aus. Halte sie beim Knüpfen auf Spannung.

Jetzt beginnt die Handarbeit: Nimm außen links den ersten Faden und lege ihn über den Nachbarfaden (den zweiten von links). Dann führst du den ersten Faden unter dem zweiten durch und holst ihn zwischen dem ersten und zweiten Bändsel nach oben. Es entsteht eine Schlinge um die zweite Schnur, die du festziehst. Diesen Knotvorgang wiederholst du, sodass eine weitere Schlinge um das zweite Bändsel entsteht. Wenn du sie erneut festzurrst, ergibt sich ein Knubbel.

Diesen Doppelknoten wiederholst du nun der Reihe nach mit den anderen Fäden, sodass am Ende der ursprünglich erste Faden der letzte ist und außen rechts liegt. Der erste Streifen ist geschafft.

Jetzt beginnt das Spiel mit dem Faden außen links von Neuem. Du knüpfst so lange, bis das Band um das Handgelenk passt.

Verknote die einzelnen Fäden Schritt für Schritt.

Öffne oben den Knoten und flicht aus den linken drei und den rechten drei Fadenenden jeweils einen Zopf. Aus den unteren Fadenenden fertigst du ebenso zwei weitere Zöpfe. Mit ihnen verschließt du das Band.

TOGGO CLEVER CLUB
www.toggo-cleverclub.de

Deine Freunde freuen sich bestimmt sehr über selbst gemachte Freundschaftsarmbänder! Mehr Infos und Tipps bei „FingerTipps" im TOGGO-CleverClub. Mehr Infos zum Club im Vorwort auf Seite 3!

Brennball

Brennball ist ein beliebtes Spiel. Du solltest deshalb neben den Regeln auch ein paar taktische Tricks kennen, um dein Team in Führung zu bringen.

Und so gehts

Bildet zwei gleich große Mannschaften (sechs bis acht Spieler pro Team). Markiert die Ecken des quadratischen Spielfelds (30 Schritte pro Seite) mit vier Matten. Eine fünfte Matte (das Brennmal) kommt in die Mitte des Felds.

Die Teams

Eine Gruppe beginnt als Läuferteam. Sie stellt sich hintereinander an einer Matte (dem Haus) auf. Die Spieler des anderen Teams sind die Fänger, sie verteilen sich auf dem Feld.

Der Spielablauf

Das Läuferteam beginnt, indem der erste Spieler den Ball ins Feld wirft. Sobald dieser in der Luft ist, rennt der Werfer im Uhrzeigersinn zur ersten Matte. Die andere Mannschaft versucht, den Ball schnell zu fangen und in das Brennmal zu werfen.

Ist der Ball im Brennmal angekommen, bevor der Spieler die Matte erreicht hat, scheidet der Läufer aus. War der Läufer schnell genug, bleibt er im Spiel.

Der nächste Spieler

Jetzt ist der Nächste an der Reihe. Auch er rennt nach seinem Wurf zur ersten Matte, während der Teamkollege zur zweiten stürmt. Wieder gilt: Die Läufer müssen die Matten erreicht haben, bevor der Ball im Brennmal landet.

Hat ein Läufer das Spielfeld Matte für Matte umlaufen, holt er einen Punkt und darf sich wieder in die Schlange stellen. Steht kein Läufer mehr im Haus, der den Ball werfen könnte, wird getauscht: Die Läufer werden zu Fängern und umgekehrt.

Es gewinnt immer das Team, das mehr Punkte sammeln kann.

Tricks

Meist wird der Ball weit ins Feld geworfen. Um die Fänger zu überrumpeln, kann der Läufer den Ball unerwartet auch einmal direkt vor sich auf den Boden werfen.

Die Fänger müssen sich den Ball so schnell es ge schnappen u ins Brennmal werfen.

Fängerteams sollten einen Spieler als Anspielstation am Brennmal positionieren.

Der Spieler am Brennmal nimmt übrigens nicht nur den Ball in Empfang. Er beobachtet auch den Wurf und ruft laut den Namen des Teampartners, der den Ball fangen soll.

So bekämpfst du einen Schluckauf

Wie aus heiterem Himmel musst du plötzlich laut hicksen – das kann manchmal ganz schön peinlich sein. Um den lästigen Schluckauf schnell loszuwerden, probiere diese Tricks aus.

Da ein Schluckauf durch die Verkrampfung des Zwerchfells entsteht, zielen viele Tipps darauf ab, den Glucksenden abzulenken, um die Verkrampfung zu lösen.

- Halte die Luft an und schlucke dabei mehrfach.
- Lass einen Teelöffel Zucker oder eine Messerspitze Salz langsam im Mund zergehen; schlucke dann das Ganze herunter.
- Lutsche ein Stück Zitrone oder einen zerkleinerten Eiswürfel.
- Hechle mit weit heraushängender Zunge wie ein Hund.
- Trinke ein Glas Wasser über Kopf.
- Halte mit beiden Daumen die Ohren und mit zwei Fingern die Nasenflügel zu; schlucke dann kräftig.

Achtung
Lass dich bei einem Schluckauf, der Tage lang anhält oder regelmäßig in kurzen Abständen wiederkehrt, von einem Arzt durchchecken.

Bei einem Schluckauf kann es helfen, an einer Zitrone zu lutschen.

So imitierst du Stimmen

Du willst deine Freunde am Telefon veräppeln und so tun, als riefe euer Lehrer oder ein Star bei ihnen an? Dann übe mit viel Geduld, Stimmen nachzuahmen.

Und so gehts

Höre dir die Stimme häufig an, die du imitieren möchtest. Achte darauf, welche Eigenarten sie hat. Man ahmt nämlich hauptsächlich die Sprechweise nach. Konzentriere dich also auf den Dialekt, den Akzent, die Betonung der Wörter und die Pausen. Wichtig ist auch die Wortwahl des Menschen: Drückt er sich gewählt aus oder wiederholt er ständig die gleichen Phrasen?

Der Tonfall

Den Tonfall solltest du dir ebenfalls genau anhören und immer wieder nachahmen. Mit Übung gelingt es dir, tiefer oder höher zu sprechen, genau wie dein Vorbild. Für tiefe Tonlagen sollten deine Stimmbänder entspannt sein. Dafür ist es wichtig, dass du dein Kinn zur Brust senkst. Um in hoher Tonlage zu sprechen, machst du es genau umgekehrt und streckst den Hals durch.

Als Stimmenimitator kannst du zum Beispiel perfekt Donald Duck nachahmen.

Erste Hilfe

Selbst dem besten Abenteurer kann etwas zustoßen. Aber wenn man sich mit Erster Hilfe auskennt, ist das meistens halb so schlimm. Am besten ist es, du übst die wichtigsten Sachen mit deinen Eltern, bevor etwas passiert ist. Und jede Wette: Deine Eltern werden auch froh über die Auffrischung ihrer Kenntnisse sein.

Kennst du dich mit Erster Hilfe aus?

Es blutet!

Du hast dir das Knie aufgeschürft? Oder eine kleine Platzwunde am Kinn? Das ist meistens nicht dramatisch. Wasche die Wunde vorsichtig aus. Aber nur, wenn du sauberes Wasser zur Verfügung hast. Sonst lässt du es lieber.

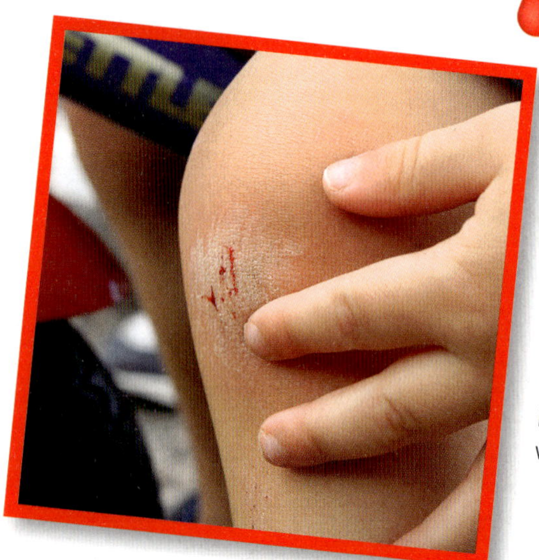
Ein aufgeschürftes Knie ist schnell versorgt.

Wenn noch etwas in der Wunde steckt – etwa ein Nagel oder ein Glassplitter – dann gilt: stecken lassen und zum Arzt gehen. Selbst herausziehen kann alles noch schlimmer machen. Wenn die Wunde stark blutet, drücke etwas möglichst Sauberes darauf und binde es fest. Am besten eine sterile Kompresse aus dem Verbandskasten.

Das ist gefährlich

Normalerweise ist Blut kein Grund zur Panik. Doch wenn eine Wunde ganz stark blutet und das Blut stoßweise kommt, ist wahrscheinlich eine Schlagader verletzt. Das ist lebensgefährlich! In diesem Fall muss man möglichst fest auf die Ader drücken und zwar ein paar Zentimeter neben der Wunde in Richtung Herz. Wenn die Wunde also am Oberarm ist, drücke etwas darüber.

Dann solltest du natürlich ganz schnell den Notarzt anrufen! Bis er kommt, verbindest du die Wunde möglichst mit sterilem Verbandsmaterial. Wichtig ist, dass du etwas mit einwickelst, das weiter auf die Ader drückt, zum Beispiel eine Geldbörse.

Nasenbluten

Wenn du Nasenbluten hast, gehst du am besten folgendermaßen vor:

1. Ein Stück Papiertaschentuch in das blutende Nasenloch stecken
2. Die Nasenflügel etwas andrücken
3. Den Kopf leicht nach vorn beugen
4. Ein kaltes, nasses Tuch in den Nacken legen
5. Bei sehr starkem Bluten zum Arzt gehen

Achtung heiß!

Wenn du dich irgendwo verbrannt oder mit einer heißen Flüssigkeit verbrüht hast, ist kaltes Wasser am besten. Entferne sofort alle Kleidung von der betroffenen Stelle und halte das Körperteil mindestens fünf Minuten unter fließendes Wasser. Das ist zwar nicht angenehm, aber es hilft. Mit sehr schlimmen Verbrennungen muss man anschließend zum Arzt gehen.

Auweia, da ist was gebrochen!

Beim Spielen kann man schon mal so blöd stürzen, dass man sich etwas bricht. Dann darf man das gebrochene Körperteil möglichst nicht bewegen. Am besten bleibt der Verletzte liegen und ein anderes Kind ruft den Notarzt. Bei einem Armbruch kannst du allerdings aus einem Tuch oder Schal eine Armschlinge knoten, in die der verletzte Arm dann gelegt wird.

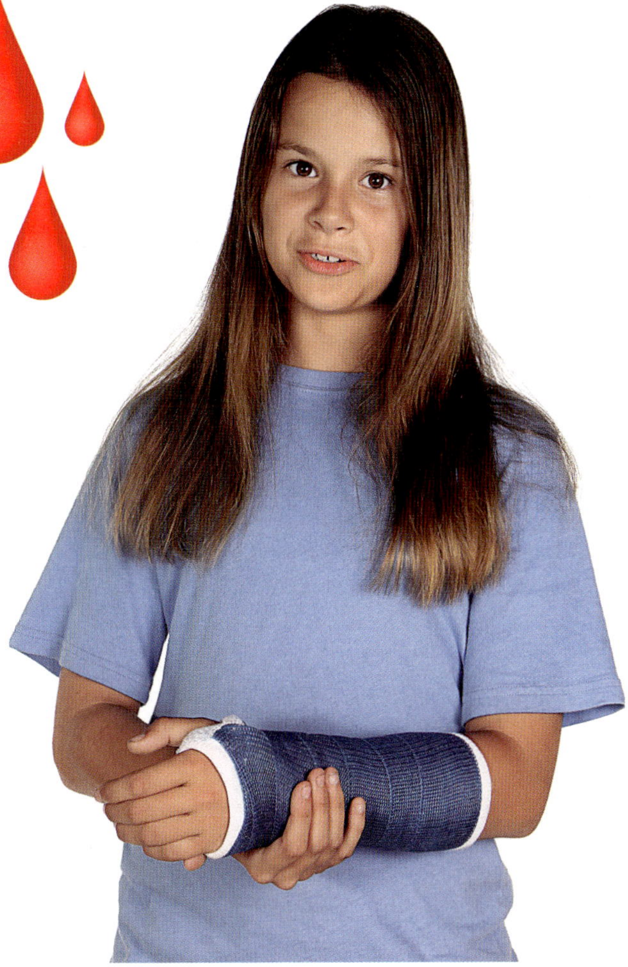

Ein gebrochener Arm wird beim Arzt eingegipst.

Achtung, Schock!

Bei plötzlichen schlimmen Schmerzen kann es passieren, dass der Patient blass, zittrig und verwirrt wird oder gar das Bewusstsein verliert. Dann musst du sofort den Notarzt anrufen. Danach sorgst du dafür, dass der Patient ruhig liegt und möglichst warm eingepackt ist. Am besten ist es, wenn er die Beine hochlegt. Wichtig ist auch, ihm gut zuzusprechen. Wenn du allein mit einem Schockpatienten bist und kein Handy hast, musst du entscheiden, ob es dringender ist, erst einmal den Patienten zu beruhigen oder sofort ein Telefon suchen zu gehen.

Leben retten

Wenn jemand nicht mehr atmet, ist das lebensgefährlich! Rufe sofort einen Notarzt unter der 112 an und hole Erwachsene zu Hilfe, die sich mit Wiederbelebung auskennen. Wenn niemand da ist, musst du es selbst probieren.

Nimm beide Hände übereinander und drücke mit aller Kraft auf die Mitte der Brust. Eine halbe Sekunde drücken, eine halbe Sekunde loslassen, dann wieder drücken ... Weil das Herz des Patienten ausgesetzt hat, kann er nur überleben, wenn du das Blut immer wieder aus dem Herz herausdrückst.

Was tun, wenn jemand das Bewusstsein verliert?

Kochen für Kids

Du hast einen Bärenhunger und dein Magen knurrt? Dann koch dir doch etwas Leckeres. Nicht nur du, sondern auch deine Eltern werden überrascht sein, wie leicht dir das gelingt. Da du bei diesen Rezepten am Herd hantieren musst, solltest du vorsichtshalber einen Erwachsenen um Hilfe bitten.

Spiegeleier

Für 4 Portionen benötigst du
Butter
4 Eier
Salz

Und so gehts

Bringe in einer Pfanne die Butter zum Schmelzen. Schalte den Herd dann auf eine niedrigere Temperatur zurück.

Schlage die Eier mit einem Messer auf und gib sie in die Pfanne. Lasse sie dann etwa drei Minuten sanft braten. Salze sie anschließend und nimm sie mithilfe eines Wenders aus der Pfanne. Richte sie mit einer Scheibe Toast auf den Tellern an.

Spiegelei mit Toast – einfach und lecker

Spaghetti mit Schinken-Sahne-Soße

Für 4 Portionen benötigst du
500 Gramm Spaghetti
1 Esslöffel Öl
250 Gramm gewürfelten Schinkenspeck
1 Becher Sahne
Salz und Pfeffer

Und so gehts

Fülle Wasser, etwas Salz und das Öl in einen Topf und bringe das Ganze auf dem Herd zum Kochen. Gib dann die Spaghetti hinein und koche sie nach Packungsanleitung 8 bis 10 Minuten. Achte darauf, dass die Nudeln nicht überkochen.

Gib dann den gewürfelten Schinkenspeck zusammen mit der Sahne in eine Pfanne. Koche das Ganze kurz auf und würze es mit Pfeffer und Salz. Sobald die Spaghetti fertig sind, vermischst du sie mit der Soße und fertig ist dein Gericht.

Und fertig ist dein Leibgericht!

So entkommst du wilden Tieren

Hast du Angst vor wilden Tieren? Dann willst du bestimmt wissen, was man tun muss, wenn man ihnen begegnet.

Vorsicht, wildes Schwein!

Eigentlich gibt es bei uns nur eine Tierart, mit der die Begegnung gefährlich werden kann. Das sind Wildschweine. Normalerweise sind sie scheu und meiden Menschen. Wenn man ihnen begegnet, macht man einen möglichst großen Bogen um sie herum, damit sie sich nicht bedroht fühlen.

Verbreite bloß keine Panik, renne nicht und sieh dem Wildschwein nicht in die Augen! Du kannst aber Krach machen, etwa in die Hände klatschen! Auf gar keinen Fall darfst du Wildschweine füttern oder auf kleine, junge Schweine zugehen. Denn dann kommt ganz schnell deren Mutter angesaust und das wird wirklich gefährlich.

Nähere dich niemals einem jungen Wildschwein. Das macht seine Mutter aggressiv.

Hunde an die Leine!

Ebenfalls gefährlich kann es werden, wenn dein Hund auf die Wildschweine zuläuft. Sie werden ihn wegjagen. Da dein Hund dann vermutlich zu dir läuft, jagen sie dich gleich mit. Also den Hund im Wald immer an die Leine nehmen.

Im Urlaub

In anderen Ländern kann man natürlich noch ganz anderen gefährlichen Tieren begegnen. Auch wenn es unwahrscheinlich ist, hier ein paar Tipps:

Bär und Wolf

Sie sind normalerweise sehr scheu und meiden Menschen. Wenn man doch auf sie trifft, reagiert man genauso wie bei Wildschweinen. Falls ein Bär aber angreift, hast du nur eine Möglichkeit: Du musst dich tot stellen!

Was tun, wenn dir ein Hai über den Weg schwimmt?

Haie

Triffst du im Meer auf einen Hai, musst du langsam und ohne panische Bewegungen wegschwimmen. Normalerweise greifen Haie Menschen nicht an, weil sie wittern, dass diese nicht so fett wie Robben sind. Greift der Hai doch an, muss man versuchen, in die Kiemen oder Augen zu fassen oder auf die Nase zu schlagen.

Krokodile

Weglaufen und dabei möglichst viele Sachen hinter dich werfen! Das lenkt die Krokodile ab, weil sie danach schnappen. Sie können nämlich ganz schön schnell sein.

Kannst du diesen Augen trauen?

Schnitzen

Du spazierst durch den Wald und findest ein prächtiges Stück Holz. Daraus könntest du etwas Schönes schnitzen. Wie das geht, erfährst du hier.

Werkzeug und Material

Zum Verzieren oder Einkerben von Ästen und Stöcken ist ein scharfes Messer ideal. Möchtest du aus einem größeren Stück Holz etwas schnitzen, solltest du auf ein Schnitzmesser und Schnitzeisen zurückgreifen. Im Fachhandel wirst du fündig. Als gutes Schnitzmaterial eignet sich älteres, abgelagertes Weichholz wie Linde, Pappel, Erle oder Birke. Auch Haselnuss und Buche lassen sich nach einiger Übung gut bearbeiten.

Zum Schnitzen benötigst du das richtige Messer.

Die Regeln

Beim Schnitzen brauchst du vor allem eine ruhige Hand, Geschick und viel Geduld. Einige klare Regeln erleichtern die Arbeit mit den nicht ganz ungefährlichen Werkzeugen:

1. Immer vom Körper weg schnitzen.
2. Schnitze nur unter Aufsicht eines Erwachsenen.
3. Nicht mit offenem Messer umherlaufen.

Ein Wanderstock

Suche dir einen kräftigen, langen Stock, der gut in der Hand liegt, und befreie ihn von seiner Rinde. Mit einem scharfen Messer ritzt du ein Muster in das Holz. Dann kann die Wanderung beginnen.

Ein Löffel

Zusätzlich zu Holz, Schnitzmesser und Schnitzeisen benötigst du einen Bleistift, Schleifpapier sowie eine Säge oder einen groben Hobel.

Zeichne zuerst mit einem Bleistift die Form des Löffels auf das Stück Holz. Dann sägst oder hobelst du grob um deine Zeichnung herum. Anschließend schnitzt du mit dem Messer das überschüssige Holz ab, bis der Löffel seine richtige Form bekommt.

Zum Aushöhlen der Mulde des Löffels nimmst du ein kleines Schnitzeisen. Sei vorsichtig dabei, denn wenn du ein Loch in den Löffel schnitzt, musst du von vorn beginnen. Danach nimmst du das Schleifpapier und sorgst dafür, dass der Löffel glatt wird. Und schon ist der Löffel einsatzbereit: Die Suppe darf gerührt werden.

Schnitze dir deinen eigenen Löffel.

Footbag

Footbag (englisches Wort für „Fußsack") ist ein Spiel, bei dem du dich geschickt bewegen und schnell reagieren musst. Das ist anstrengend! Zehn Minuten mit dem Footbag können dich genauso aus der Puste bringen wie eine Halbzeit beim Fußball.

Grundregel

Meist wird der Footbag mit den Füßen, Knien und Schenkeln gekickt. Grundsätzlich dürfen jedoch alle Körperteile eingesetzt werden, nur die Hände nicht!

Wer viel übt, kann mit seinem Footbag bald ein paar lässige Kunststücke vollbringen.

Circle Kicking

Circle Kicking spielt man in einer Gruppe. Stellt euch einander zugewandt in einem Kreis auf. Der jüngste Spieler nimmt den Footbag und wirft ihn seinem Gegenüber auf die Füße. Dieser muss das Säckchen sofort zu einem anderen Spieler kicken.

Der Footbag wird mit dem Fuß gekickt.

Ziel des Spiels ist es, den Footbag möglichst lange in der Luft zu halten. Hat jeder in der Runde den Footbag einmal berührt, nennt man dies „Full Hack". Plumpst der Sack aber auf den Boden, müsst ihr von vorn beginnen!

Consecutive

Consecutive (englisches Wort für „fortlaufend") hat die gleichen Regeln wie Circle Kicking. Der Sack muss in der Luft bleiben und möglichst oft gekickt werden.

Dafür brauchst du jedoch keine weiteren Mitspieler. Versuche dich allein an dieser Aufgabe und zähle deine Kicks. Du kannst den Footbag aber auch im Wechsel mit einem Freund kicken.

Dance

Ihr seid bereits richtig gut im Circle Kicking? Dann ist es Zeit für den Dance (englisches Wort für „Tanz").

Dabei müssen sich alle Spieler möglichst im gleichen Rhythmus bewegen. Versucht auch, den Footbag mit euren Schultern, Hüften oder Köpfen zu kicken.

Footbag basteln

Footbags sind zwar nicht teuer, du kannst sie aber auch selbst basteln. Befülle einen alten, dünnen Strumpf mit 100 Gramm ungekochtem Reis. Drücke die Körner in die Fußspitze und binde den vorderen Teil des Strumpfes mit einer festen Schnur ab. Den Rest schneidest du ab und fertig ist dein Footbag.

Kartenspiele

Spielkarten gab es in Asien schon vor mehr als 1000 Jahren. Bis heute ist das Spiel mit den Karten ein großartiger Zeitvertreib.

Patience

Spielerzahl: 1
Karten: Skatblatt

Patience ist ein Spiel, das es in verschiedenen Ausführungen gibt. „Das Quadrat" ist eine einfache Variante.

Mindestens zwei Karten müssen das gleiche Symbol haben.

Mische die Karten und halte den Stapel verdeckt in der Hand. Nun deckst du die vier obersten Karten auf und legst sie als Quadrat aus. Gut ist, wenn mindestens zwei der ausgelegten Karten das gleiche Symbol haben (zum Beispiel Pikass und Pik7).

Wenn das zutrifft, darfst du das Paar mit zwei neuen Karten aus dem Stapel überdecken. Versuche nun, ein neues Paar zu bilden. Solange du immer wieder zwei gleiche Symbole in deinem Quadrat findest, geht das Spiel weiter. Du verlierst, wenn vor dir vier verschiedene Symbole liegen.

Kannst du aber alle Karten aus dem Stapel im Quadrat ablegen, hast du gewonnen.

Die böse Karte

Spielerzahl: 5-10
Karten: spielbar mit allen Karten

Legt vorab fest, welches die böse Karte ist.

Mische das Kartenspiel und lege den Stapel verdeckt in die Mitte. Jetzt müsst ihr euch einigen, welche Karte die „böse" Karte sein soll (zum Beispiel das Pikass). Der älteste Spieler beginnt und deckt die oberste Karte vom Stapel auf.

Ist das bereits die böse Karte? Wenn nicht, muss der linke Sitznachbar die nächste Karte aufdecken. So geht es reihum, bis einer die böse Karte erwischt. Dieser Unglücksrabe ist ausgeschieden. Er muss die Karten neu mischen, darf aber bestimmen, welche Karte in der nächsten Runde die böse ist. Das Spiel dauert so lange, bis nur noch ein Spieler übrig bleibt. Er ist der Sieger!

Mau-Mau

Spielerzahl: 2-5
Karten: Skatblatt

Beim Mau-Mau versucht jeder Spieler, seine Karten möglichst schnell loszuwerden. Das Spiel beginnt, indem pro Spieler fünf Karten verdeckt ausgegeben werden. Die restlichen Karten liegen ebenfalls verdeckt auf einem Stapel. Nun wird das oberste Blatt (Startkarte) aufgedeckt und in die Mitte gelegt.

Die offene Karte auf dem Stapel gibt vor, welche als Nächstes abgelegt werden muss.

Der Kartengeber fängt an. Er muss entweder eine Karte ablegen oder passen. Danach ist sein linker Nebenmann dran.

Karte ablegen

Die Startkarte gibt vor, welche Karte der Spieler darauf ablegen darf. Sie muss entweder das gleiche Symbol (zum Beispiel Karo auf Karo) oder den gleich Wert (zum Beispiel Dame auf Dame) haben. Wurde beispielsweise die Pik9 aufgedeckt, muss nun ein Pik oder eine 9 folgen.

Passen

Kann der Spieler beides nicht bedienen, sagt er „passe" und zieht eine Karte vom verdeckten Stapel. Vielleicht passt ja diese Karte? Wenn ja, darf er sie noch ablegen. Wenn nicht, ist der linke Nachbar an der Reihe.

So geht es reihum. Manche Karten haben jedoch eine besondere Wirkung, das erhöht die Spannung .

Besondere Karten

7: Kommt die 7 auf den Tisch, muss der linke Nachbar zwei Karten vom Stapel aufnehmen. Es sei denn, dieser Nachbar hat ebenfalls eine 7. Die darf er sofort ausspielen. Seinen Nebenmann wird das ärgern, denn er muss jetzt schon 4 Karten ziehen. Mit jeder weiteren 7 müssen nochmals zwei Karten mehr vom Haufen aufgenommen werden.

8: Wer die 8 ablegt, sorgt dafür, dass der nächste Spieler eine Runde aussetzen muss.

Bube: Egal welche Karte ausliegt: Ein Bube darf immer gespielt werden. Und der Spieler darf sich sogar wünschen, was der Nebenmann jetzt auslegen soll: Herz, Kreuz, Pik oder Karo.

Sind keine Karten mehr im Stapel, wird die oberste vom Haufen der bereits abgelegten Karten entfernt. Mischt die restlichen Karten wieder gut durch und legt sie als neuen Stapel ab.

Spielende

Wer seine vorletzte Karte spielt, muss „Mau" sagen. Wird dies vergessen, muss der Spieler als Strafe eine Karte vom Stapel ziehen. Das Spiel ist zu Ende, wenn einer seine letzte Karte ablegen kann und „Mau-Mau" ruft.

Bei Mau-Mau gibt es drei besondere Karten.

Das perfekte Lagerfeuer

Abends an einem Lagerfeuer sitzen und ein paar leckere Würstchen grillen - so etwas liebt jeder Abenteurer. Doch auch wenn es noch so schön ist, das solltest du unbedingt beachten:

Bitte ernst nehmen!
Feuer ist wirklich gefährlich! Es kam schon zu riesigen Waldbränden, nur weil jemand ein bisschen rumgekokelt hat. Deshalb sollte immer ein Erwachsener dabei sein, wenn du Feuer machst. Denn es kann leicht passieren, dass der Wind ein paar Funken in die falsche Richtung weht.

Lagerfeuer bauen

Wenn du ein Lagerfeuer machen willst, gehst du am besten folgendermaßen vor:

1. Einen geeigneten Platz wählen. Am besten auf Sand oder Erde. Auf einer Wiese die Grasnarbe mit dem Spaten abstechen und nachher wieder aufsetzen.
2. Einen Ring aus Steinen legen
3. In die Mitte zusammengeknülltes Papier oder Rinde platzieren
4. Darüber kleine Holzstückchen geben

Ein knisterndes Lagerfeuer

5. Mit dünnen Holzscheiten eine Pyramide über dem Haufen bauen
6. Einen Mantel aus dickeren Scheiten darum herum bauen
7. Ein flammendes Streichholz vorsichtig ins Innere werfen
8. Feuer nie unbeaufsichtigt lassen!
9. Zum Schluss gut löschen - am besten mit Sand!

Feuer machen wie die Indianer

Es gibt eine Menge Tricks, wie man ohne Streichhölzer und Feuerzeug Feuer machen kann. Leider sind sie alle ziemlich schwierig und funktionieren selten. Umso cooler ist es natürlich, wenn es doch klappt. Auf jeden Fall brauchst du immer ganz feines, ganz trockenes Zündmaterial.

Grille deine Würstchen direkt am Lagerfeuer.

Möglichkeit 1
Mit einem gewölbten Glas, etwa dem einer Uhr, einem Fernglas oder einer Brille, kann man die Sonnenstrahlen so auf das Zündmaterial lenken, dass es heiß wird und zu brennen beginnt.

Möglichkeit 2
Stelle einen angespitzten Stock senkrecht ins Zündmaterial und drehe ihn ganz schnell hin und her - entweder zwischen den Handflächen oder mithilfe eines Bogens. Wickele dabei die Bogensehne einmal um den Stock und bewege dann den Bogen hin und her.

Möglichkeit 3
Dazu benötigt man das Mineral Katzengold. Aus diesem Stein schlägt man mit einem anderen scharfkantigen Stein kleine Splitter heraus. Wenn man das richtig macht, glühen die Splitter.

Gärtnern

Hast du schon mal versucht, deine eigenen Erdbeeren und Tomaten anzubauen? Du benötigst dazu nicht einmal ein Beet. Auch Balkonkästen oder Kübel eignen sich dafür hervorragend.

Es geht doch nichts über Erdbeeren aus eigenem Anbau.

Gut vorbereitet!

Wenn du ein Beet im Garten hast und etwas darin anpflanzen willst, musst du es zuerst vorbereiten. Grabe im Herbst mit der Hacke alles um und hole das Unkraut heraus. Dann mischst du Kompost unter die Erde. Im Frühjahr lockerst du dann alles noch einmal.

Ein eigenes Beet bereitet viel Spaß.

Wenn du kein Beet hast, kannst du stattdessen geeignete Töpfe oder Kübel beschaffen und mit Pflanzerde füllen.

Schwarze Tomaten und weiße Erdbeeren

Was möchtest du anpflanzen? Erdbeeren und viele Kräuter sind mehrjährig und kommen jedes Frühjahr wieder. Gemüse musst du jedes Mal neu aussäen. Damit das Gärtnern Spaß macht, solltest du nur das anpflanzen, was du besonders lecker findest.

In speziellen Gärtnereien oder im Internet bekommst du auch coole Sorten, die es im Supermarkt nicht zu kaufen gibt, zum Beispiel schwarze Tomaten, weiße Erdbeeren oder gelbe Zucchini.

Gießen und düngen – aber richtig!

Damit deine Pflanzen gut gedeihen, musst du sie natürlich pflegen. Wichtig ist vor allem, die Erde immer gut feucht, aber nicht nass zu halten. Wenn die Pflanzen noch klein sind, darfst du ihnen keinen Dünger geben – so wie auch Babys noch keine Kraftnahrung kriegen. Wenn sie aber Früchte ansetzen, dann kannst du sie mit Dünger oder Kompost „verwöhnen“.

Beginne im Zimmer

Manche Samen kann man im Frühjahr (März/April) gleich im Freien aussäen. Wie das geht, steht auf der Packung, weil das bei jedem Samen anders ist. Für manche Pflanzen ist es zu diesem Zeitpunkt noch zu kalt. Diese Samen säst du in Zimmergewächshäusern, das sind Plastikschalen mit durchsichtigem Deckel, aus. Etwa Mitte Mai ist es dann warm genug, die Pflanzen aus dem Zimmer nach draußen umzusiedeln.

Fotografieren

Fotos zu schießen, bereitet nicht nur Spaß und Freude. Bilder sind auch eine schöne Erinnerung und gut gelungene Aufnahmen kannst du wunderbar verschenken. Damit deine Schnappschüsse richtig toll werden, lies die Tipps zum Fotografieren.

Werde zum Profifotografen.

Die Kamera

Für den Einstieg eignet sich eine günstige Digitalkamera. Du kannst beliebig experimentieren und, wenn das Bild nichts wird, einfach die Löschtaste drücken. Mach dich mit den technischen Funktionen der Kamera vertraut. Denn musst du lange suchen und einstellen, kann dir manch spontaner Schnappschuss durch die Lappen gehen.

Porträt

Für ein Porträt lichtest du einen oder mehrere Menschen ab. Du hast dabei mehrere Möglichkeiten: ein Ganzkörper-, Kopf- oder Gesichtsporträt. Bei einem Gruppenporträt wäre es sinnvoll, wenn die Menschen etwas verbinden würde. Beispielsweise stehen alle auf einem Bein oder spielen ein Musikinstrument.

Bei einem Porträtfoto solltest du versuchen, ein Gefühl für die Stimmung des Menschen zu bekommen. Geh daher nah an das Gesicht heran. Das Bild soll ausdrücken, was dein Modell gerade empfindet. Ein lachender, nachdenklicher oder ängstlicher Gesichtsausdruck eignet sich gut. Leg den Schwerpunkt dabei auf die Augen.

Ein einfarbiger oder unscharfer Hintergrund bietet sich für ein Porträt gut an, dadurch wird das Hauptmotiv hervorgehoben und stark betont.

Tiere

Hat dein Lieblingsvierbeiner endlich die ideale Position eingenommen, musst du blitzschnell auf den Auslöser drücken. Um Tiere aufzunehmen, brauchst du vor allem Geduld und flinke Reaktionsfähigkeit. Mit Leckerli kannst du Hunde, Katzen, Pferde und Vögel „bestechen", um ein hübsches Foto von ihnen zu schießen.

Grundsätzlich solltest du hierbei keinen Blitz einsetzen, da die Tiere dadurch leicht erschrecken. Außerdem werden oft die Augen rot. Die besten Bilder gelingen, wenn du auf gleicher Höhe mit dem Tier bist und es von vorn oder von der Seite fotografierst.

Tiere im Zoo oder Vögel sind leider oft sehr weit entfernt, daher wirken sie auf Bildern häufig zu klein. Set-

Bei Porträtaufnahmen zählt der richtige Bildausschnitt.

ze dafür den Zoom deiner Kamera ein. Vermeide es zudem, Käfige oder Gitter zu fotografieren, dadurch kommt das Tier nicht zur vollen Geltung. Achte auch darauf, dass du nicht Pfoten, Ohren oder die Schwanzspitze abschneidest.

Beim Fotografieren von Tieren heißt es, schnell sein.

Landschaft

Bei Landschaftsbildern bietet sich meistens ein Foto im Querformat an. Schöner wird die Aufnahme, wenn sich der Horizont nicht in der Bildmitte befindet, sondern waagerecht im oberen oder unteren Drittel des Fotos. Profis heben meist eine Sache am Rand des Bildes hervor, beispielsweise einen Ast, eine Pflanze oder einen Fels.

Bei Landschaftsaufnahmen sollte der Horizont nicht genau in der Bildmitte liegen.

Tipps zum Fotografieren

- Halte die Kamera gerade.
- Schieße immer mehrere Bilder von einem Motiv und verändere dabei deine Position und die Einstellungen am Apparat.
- Fotografiere nicht gegen die Sonne, der Vordergrund wird sonst zu dunkel.
- Eine Stunde nach Sonnenaufgang und vor Sonnenuntergang ist das Licht besonders weich und gut für Aufnahmen.
- Der Blitz beleuchtet alles in der Nähe, aber auf Entfernung bringt er nichts.

Menschen

Bei Aufnahmen von Menschen ist es wichtig, dass du sie auf Augenhöhe machst. Bei kleineren Kindern solltest du also ruhig in die Knie gehen. Fotografierst du von unten oder oben, wird die Person häufig unvorteilhaft dargestellt. Pass auf, dass du keine Gliedmaßen wie Hände oder Füße abschneidest.

Beachte beim Hintergrund, dass er nicht zu sehr vom Motiv ablenkt, er sollte das Bild lediglich ergänzen. Befinden sich Blumen, Bäume oder Masten hinter einem Kopf, kann es komisch aussehen, wenn diese quasi aus dem Kopf „wachsen".

Mein schönstes Foto! ______________
Datum

Lerntricks

Lernen ist oft ganz schön lästig. Doch es gibt Tricks, die helfen, das Ganze einfacher und schneller zu erledigen.

Hauptsache Konzentration

Konzentriere dich bei deinen Hausaufgaben und beim Lernen ausschließlich auf deine Aufgaben. Wenn du zwischendurch dauernd an etwas anderes denkst oder sogar andere Dinge nebenbei erledigst, vertrödelst du viel mehr Zeit, lernst schlechter und hast trotzdem keinen Spaß gehabt, weil du dich ja auch den anderen Dingen nicht richtig widmen konntest.

Lernen macht dir keinen Spaß? Hier kommen Tipps, wie es leichter geht.

Wenn du merkst, dass du dich nicht mehr konzentrieren kannst, mach lieber eine richtige Pause. In dieser Pause solltest du aber auf keinen Fall fernsehen, mit dem Computer oder dem Gameboy spielen. Denn das blockiert die Teile in deinem Gehirn, die du fürs Lernen brauchst. Geh lieber kurz raus und tob dich aus!

Wiederholung, aber nicht immer gleich

Je öfter man Dinge hört oder sieht, desto besser prägt man sie sich ein – normalerweise. Aber manches will einfach nicht in den Kopf und alles Wiederholen hilft nichts. Dann muss man sich überlegen, wie man diese Sachen anders lernen kann.

Lerne mit Keksen.

Quiz und Kekse

Vielleicht hilft es dir bei der Rechtschreibung, wenn du schwierige Wörter nicht schreibst, sondern mit Buchstabenkeksen legst. (Die du essen darfst, wenn es richtig war.)

Vielleicht hilft aber auch ein Quiz. Jemand schreibt dir das richtige Wort und drei falsche nebeneinander und du musst das richtige finden. Oder schreibe es in Geheimschrift.
Oder denke dir mit den schwierigsten Englischvokabeln eine lustige Geschichte aus.

Gesang beim Zähneputzen

Wenn man lange lernt, ist man irgendwann so erledigt, dass man sich wirklich nichts mehr merken kann. Schreibe dir die Dinge, die noch Probleme bereiten, auf einen Zettel und klebe ihn an den Badezimmerspiegel. Abends singst du dir das, was da steht, vor. Am besten mit einer total schrägen Melodie.

TOGGO CLEVER CLUB
www.toggo-cleverclub.de

Wie man sich Sachen besser merken kann, zeigt dir auch „Angela Anaconda" im TOGGO-CleverClub! Mehr Infos zum Club im Vorwort auf Seite 3!

Auf den Händen laufen

Handstand-Profis aufgepasst! Wenn ihr es schafft, fünf Sekunden ruhig auf den Händen zu stehen, gelingt euch garantiert auch dieses Kunststück.

Und so gehts

Schwinge dich in den Handstand und spanne den Körper an. Der Kopf wird in den Nacken gelegt. So stehst du automatisch etwas im Hohlkreuz.

Jetzt nimmst du die linke Hand vom Boden und setzt sie ein paar Zentimeter weiter vorn wieder auf. Die rechte Hand folgt sofort, sodass beide Hände wieder in einer Linie stehen. Bevor du dich weiter vorwärts bewegst, solltest du deinen Stand wieder stabilisieren. Natürlich muss das Versetzen der Hände blitzschnell gehen.

Anfangs kann es passieren, dass du zu sehr ins Hohlkreuz kommst und hinten überkippst. Oder du machst zu große „Schritte". Dann knickt die Hüfte ein und du landest wieder auf den Füßen. Doch nach einer Weile findest du bestimmt die richtige Balance!

Handstand-Profis können auf den Händen laufen.

Auf Stelzen laufen

Wusstest du, dass die Menschen früher Stelzen benutzten, um einen Graben oder sumpfiges Gelände zu überwinden? So schützten sie sich vor Schmutz und Kriechtieren am Boden.

Und so gehts

Stelzen für Erwachsene lassen sich nur schwer bewegen. Besser ist es, wenn du dir kleinere Stelzen besorgst.

Stelzen

Als Anfänger stellst du dich mit dem Rücken dicht an eine Wand. Hinter jede Schulter kommt eine Stelze. Umfasse die Stelzen mit Armen und Händen, dann steigst du nacheinander auf die Trittbretter. Du musst die Stelzen so eng an den Körper ziehen, dass sie von hinten gegen deine Schultern drücken.

Um in den Stand zu kommen, drückst du dich mit dem Hinterteil leicht von dem Gemäuer ab. Stehst du sicher? Nun kannst du die rechte Stelze mit dem Arm ein Stück vorwärts bewegen, danach die linke. Pass aber auf, dass du das Gleichgewicht hältst!

Lachen oder Weinen vortäuschen

Jeder Schauspieler lernt in seiner Ausbildung, wie man auf Befehl lacht oder weint. Diese Fähigkeit kann sehr nützlich sein! Schon ein Baby weiß instinktiv, dass der Einsatz von Geschrei und Tränen die Aufmerksamkeit der Mutter weckt.

Weinen

Denk an etwas ganz Trauriges, das du erlebt hast. Vielleicht ist neulich die süße Katze des Nachbarn gestorben? Du musst dich intensiv in diesen Moment zurückversetzen! Wer hat dir die schlechte Nachricht überbracht? Was hattest du an dem Tag an? Wie hast du dich gefühlt?

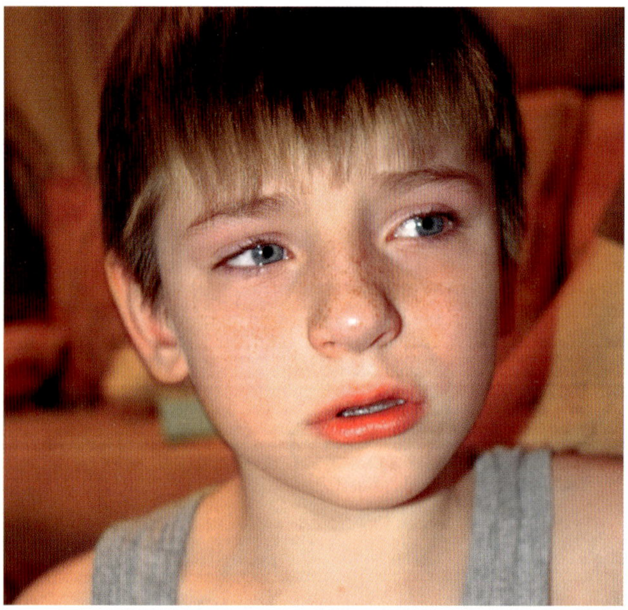

Echt oder vorgetäuscht? Übe, bis du's drauf hast!

Falls noch keine Tränen kommen, versuche es mit einem Trick. Dabei reißt du die Augen weit auf und versuchst, nicht mehr zu blinzeln. Nach kurzer Zeit wird Tränenflüssigkeit in deine Augen steigen, um diese vor der Trockenheit zu schützen.

Die folgende Sofortmaßnahme wirkt übrigens immer: Schneide eine Zwiebel in der Mitte durch und schnuppere daran. Das ist definitiv zum Heulen!

Lachen

Auf Knopfdruck zu lachen – das ist wirklich nicht ganz einfach. Bei einem Lachanfall werden nämlich bis zu 80 Muskeln bewegt!

Lachen auf Kommando gar nicht so leicht!

Wer kitzlig ist, hat es leichter, denn er braucht sich nur mit einer Feder über die empfindlichen Stellen am Körper zu streichen. Lachen wirkt übrigens ansteckend: Erzähle den anderen einen Witz. Wenn die anderen lachen, fällst du wahrscheinlich mit ein, obwohl du den Witz schon kennst.

Übung macht den (Lach-)Meister

Du kannst das Lachen aber auch vor dem Spiegel üben. Spanne deine Gesichtsmuskulatur so an, dass ein breites Grinsen entsteht. Dann atme ein paar Mal tief ein und stoße die Luft mit einem Mal durch den leicht geöffneten Mund wieder aus.

Wenn du dabei an eine lustige Situation denkst, zum Beispiel an deine letzte Lachattacke oder an dein letztes komisches Missgeschick, kommt sicher irgendwann ein Gluckser.

Kinder lachen häufiger

Kinder lachen sehr häufig, ungefähr 400-mal am Tag – Erwachsene hingegen im gleichen Zeitraum nur rund 20-mal.

Flaschendrehen

Für dieses Spiel brauchst du fünf bis acht Freunde, eine Flasche und eine Reihe verrückter Einfälle!

Und so gehts

Setzt euch auf den Boden und bildet dabei einen Kreis. Die Flasche legt ihr in die Mitte. Nun müsst ihr euch ein paar lustige Aufgaben ausdenken. Hier ein paar Beispiele:

- Mache einen Kopfstand und bleibe fünf Sekunden lang in dieser Position.
- Klebe dir einen Zettel mit den Worten „Ich bin ein Hase“ auf die Stirn und gehe zur nächsten Straßenlaterne.
- Tauche deine Zungenspitze in einen Löffel Salz.
- Klingele bei deinem Nachbarn und frage, ob er Schokolade für dich hat.
- Hüpfe auf einem Bein um die Runde und gackere dabei wie ein aufgescheuchtes Huhn.
- Belle wie ein Hund.
- Halte 20 Sekunden lang die Luft an.
- Sage einen Zungenbrecher dreimal ohne Versprecher auf (siehe Seite 145).

Wenn ihr euch auf eine Aufgabe geeinigt habt, dreht derjenige, der die Prüfung vorgeschlagen hat, an der Flasche. Bleibt sie stehen, muss der Mitspieler, in dessen Richtung der Flaschenhals zeigt, die Aufgabe erfüllen.

Steine springen lassen

Steine können übers Wasser springen – man muss nur ein wenig nachhelfen! Mit etwas Training hast du sicher schnell den Bogen raus.

Und so gehts

Normal geht ein Stein, den man ins Wasser wirft, sofort unter. Wenn er aber die richtige Form hat und du die richtige Wurftechnik, springt er mehrmals auf der Wasseroberfläche auf, bevor er versinkt. Beachte nur die folgenden Anweisungen:

- Dein Stein muss unbedingt flach und in etwa so groß wie ein Zweieurostück sein.
- Das Gewässer sollte möglichst ruhig sein (zum Beispiel ein See oder ein Schwimmbecken).
- Wirf den Stein nicht von oben nach unten! Die Wurfbahn sollte waagrecht zur Wasseroberfläche verlaufen. Gehe deshalb beim Werfen in die Knie.
- Gib dem Stein ein wenig Drall mit, damit er möglichst mit viel Schwung übers Wasser tanzen kann.

Mit der richtigen Technik springt der Stein übers Wasser.

Im Freien übernachten

Man kann natürlich auf einem Luxuscampingplatz zelten, wo es beheizte Waschräume, Supermärkte und sogar einen Swimmingpool gibt. Spannender ist es jedoch, in der freien Natur zu campen.

Nur mit Genehmigung
In manchen Ländern ist es erlaubt, „wild“ zu campen, in Deutschland leider nicht. Wenn du in der Natur zelten willst, musst du immer erst um Erlaubnis fragen, zum Beispiel einen Grundstücksbesitzer oder den Förster.

Vorsicht vor Wind und Nässe!

Wie dein Zelt aufgebaut wird, solltest du vor der Tour schon mal ausprobiert haben. Am besten zeltest du im Garten zur Probe. Aber der richtige Aufbau ist nicht alles.

Wichtig ist es auch, den perfekten Platz zu wählen. Er sollte eben und trocken sein. Zelte nicht in einer Senke, denn da kann sich bei Regen Wasser sammeln. Auch dichtes, hohes Gras deutet auf feuchten Boden hin.

Suche dir einen möglichst windgeschützten Platz, der jedoch nicht unter einem Baum liegen sollte.

Zelten in freier Natur macht Spaß!

Hier besteht die Gefahr, dass dir bei Sturm Äste auf den Kopf fallen. Da der Wind meist von Westen kommt, steht das Zelt am besten mit dem Ausgang nach Osten.

Leckeres aus der Feldküche

Kochen kannst du entweder auf einem Campingkocher oder über offenem Feuer (siehe Seite 104). Halte aber immer genügend Abstand zum Zelt, damit dieses nicht durch Funkenflug in Brand gerät.

Prüfe auch, in welche Richtung der Wind die Funken treibt. Sicher und regengeschützt ist ein Grubenfeuer. Lege die Grube so an, dass dein Kochtopf stabil auf den Begrenzungen steht, das Feuer seitlich aber noch Luft bekommt. Andernfalls erstickt es.

Übe den Aufbau des Zeltes vorher im Garten.

Hilfe, ich erfriere!

Was kannst du tun, wenn dein Schlafsack nicht dick genug ist? In diesem Fall ziehst du alles an, was du dabei hast – vor allem auch Mütze und dicke Socken. Wickle dich notfalls in (trockene) Handtücher.

Back dir was!

Deine Freunde kommen zu Besuch und du willst ihnen etwas Selbstgemachtes anbieten? Hier kommt leckere Hilfe.

Schokomuffins

Für 12 Stück benötigst du
Fett für die Form, 12 Papierförmchen, 125 Gramm weiche Butter, 125 Gramm Zucker, 2 Eier, 200 Milliliter Milch, 320 Gramm Mehl, 2 Teelöffel Backpulver, 2 gehäufte Esslöffel Kakaopulver, 200 Gramm Schokolade

Und so gehts

Heize den Backofen auf 200 Grad Celsius vor. Fette die Muffinform ein und setze Papierförmchen in die Vertiefungen.

Schlage in einer Schüssel die Butter schaumig. Gib nach und nach den Zucker und die Eier hinzu und schlage alles hell cremig. Rühre anschließend die Milch unter. Mische das Mehl, das Kakaopulver und das Backpulver und rühre sie zügig unter die flüssigen Zutaten.

Schneide die Schokolade in kleine Würfel und rühre sie unter den Teig. Verteile diesen dann in den Vertiefungen der Form.

Schiebe die Muffins auf der mittleren Schiene in den Backofen und backe sie 25 bis 30 Minuten. Lass sie dann fünf Minuten in der Form abkühlen. Guten Appetit!

Leckere Kinderkekse

Schoko-muffins

Kinderkekse

Das benötigst du
60 Gramm Butter, 70 Gramm Zucker, 1 Ei, 120 Gramm Mehl, 1 Teelöffel Backpulver, 80 Gramm Cornflakes, 100 Gramm Rosinen, Backpapier

Und so gehts

Heize den Backofen auf 180 Grad Celsius vor. Verrühre die weiche Butter mit dem Zucker, bis sie schaumig ist. Rühre dann das Ei sowie das Mehl samt Backpulver unter. Zerkleinere die Cornflakes und hebe sie zusammen mit den Rosinen unter den Teig.

Lege Backpapier auf das Backblech. Gib mithilfe eines Löffels kleine Haufen auf das Blech und drücke sie platt. Schiebe das Ganze in den Ofen und backe es etwa 10 Minuten lang. Danach abkühlen lassen und verputzen!

TOGGO CLEVER CLUB
www.toggo-cleverclub.de

Weitere tolle Rezepte für Kekse aus der Gefriertruhe und Spinnweb-Muffins findest du bei „FingerTipps" im TOGGO-CleverClub! Mehr Infos zum Club im Vorwort auf Seite 3!

So baust du einen Drachen

Wird es draußen langsam stürmisch und die Blätter verfärben sich? Dann ist es höchste Zeit, den Drachen steigen zu lassen. Du hast keinen oder findest ihn nicht mehr? Kein Problem – bau dir einen und dann ab in die Lüfte!

Einen Drachen steigen lassen macht unglaublich viel Spaß!

Der Drachenrahmen

Am besten baust du den Drachen zusammen mit einem Erwachsenen, der dir zuerst einmal beim Sägen unter die Arme greift. In die Enden der beiden Leisten sägst du jeweils eine etwa 5 Millimeter tiefe Rille.

Das Grundgerüst

Markiere die Längsleiste 25 Zentimeter von einem Ende entfernt. An der Querleiste markierst du genau die Mitte (35 Zentimeter). Klebe die beiden Leisten an den Markierungen im 90-Grad-Winkel aufeinander. Nicht vergessen: Der Kleber muss gut trocknen. Schneide ein Stück Schnur ab und verbinde die geklebten Leisten zur Sicherheit zusätzlich mit einem festen Knoten.

Das Grundgerüst deines Drachens

Mission „Schnur"

Nimm ein knapp 3 Meter langes Stück Schnur und lege die Mitte davon in die obere Rille der Längsleiste. Mit Klebstoff wird die Schnur befestigt. Ist der Leim trocken, spannst du die Schnur über die Einkerbungen der Querleiste links und rechts. Am unteren Ende der Längsleiste führst du die beiden Schnüre wieder zusammen, verknotest sie und gibst auf alle Ritzen Klebstoff.

Das Segel

Lege den Rahmen auf die Drachenfolie und schneide sie mit einem Abstand von drei Zentimetern zur gespannten Schnur aus. Die Enden der Leisten markierst du mit einem Punkt auf der Folie und schneidest diese bis zum Punkt ein. Klappe den Folienrand über die Schnur und befestige ihn mit Klebeband. Spann die Folie nicht zu fest, sonst kann sie reißen, wenn sich der Drachen in der Luft wölbt.

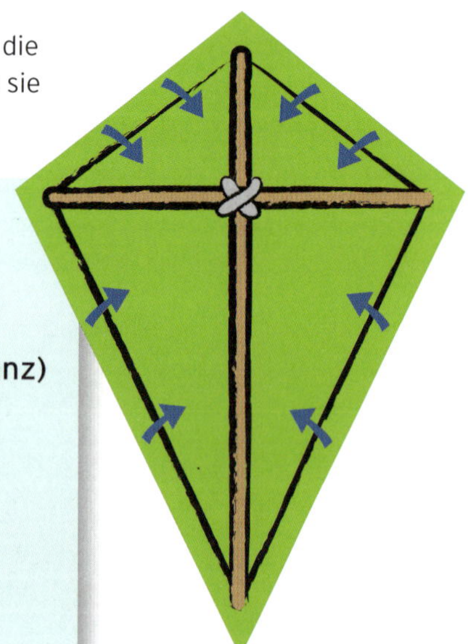

Klappe die Folie über die Schnur und befestige sie mit Klebeband.

Du benötigst

1 Längsleiste aus Holz (1 Meter lang, 5 x 10 Millimeter dick)
1 Querleiste aus Holz (70 Zentimeter lang, 5 x 10 Millimeter dick)
2 Drachenfolien (1,20 x 1 Meter und 1 x 1 Meter für den Drachenschwanz)
1 kleinen Metallring
circa 10 Meter Schnur
1 Steigleine mit Spule
Werkzeug: Bleistift, Lineal, Klebstoff, Schere, kleine Säge, kleinen Bohrer, Klebeband

Knoten über Knoten

Durch die beiden Enden der Längsleiste – etwa zwei Zentimeter vom Rand entfernt – lässt du deinen erwachsenen Gehilfen jeweils ein kleines Loch bohren. Nimm ein zwei Meter langes Stück Schnur und markiere es nach zehn Zentimetern, 120 Zentimetern und 190 Zentimetern.
Die ersten zehn Zentimeter ziehst du durch das Loch am unteren Ende der Leiste. Verknote das Band, sodass die Markierung ungefähr auf dem Loch liegt. Das Gleiche geschieht mit den letzten zehn Zentimetern der Schnur am oberen Ende dieser Latte.

Der Metallring

An die Markierung bei 120 Zentimetern knotest du den Metallring. Dazu steckst du die jetzt doppelt gelegte Schnur von oben nach unter durch den Ring. Dann ziehst du den Teil der Schnur, der unter dem Ring liegt, über den Ring. Das Ganze wird festgezogen und fertig ist der Knoten.

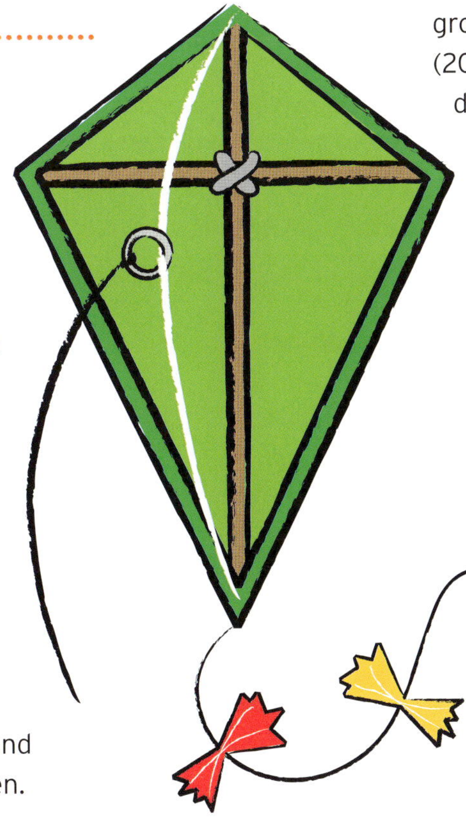

Schon ist dein Drachen fertig!

Der erste Test

Mache jetzt den Test. Fass den Drachen am Metallring an und checke, ob er waagrecht liegt. Falls nicht, solltest du ein kleines Stück Holz an die Querleiste kleben, sodass alles im Lot ist. Die Steigleine befestigst du nun an dem Ring. Lässt du den Drachen an der langen Leine, fliegt er hoch hinaus.

Vorsicht

Freie Felder, Wiesen und Sportplätze eignen sich hervorragend zum Drachensteigen. Lass den Flugkörper jedoch niemals in der Nähe von Stromleitungen, Straßen, Häusern oder Zuggleisen in die Luft. Bei Gewitter solltest du mit dem Drachen zu Hause bleiben.

Der Drachenschwanz

Nimm eine etwa drei bis vier Meter lange Schnur und verknote sie mit der kurzen Restschnur am unteren Ende der Längsleiste. Aus dem ein mal ein Meter großen Drachenpapier schneidest du 25 Quadrate (20 x 20 Zentimeter) aus. Falze kleine Streifen in die Quadrate wie bei einer Ziehharmonika. Knote so viele Schleifen an die Drachenschnur, wie du möchtest. Fertig ist der Drachen!

Ich lasse meinen selbst gebauten Drachen steigen! ____________
Datum

So erkennst du essbare Pflanzen

Der Proviant ist aus und du hast Hunger? Wenn man sich auskennt, dann kann man in der Natur eine Menge essbarer Sachen finden. Allerdings sollte man nie etwas zu sich nehmen, das man nicht kennt, denn manche Pflanzen sind sehr giftig.

Beeren

Heidel-, Him-, Brom- und Walderdbeeren sind leicht zu erkennen und schmecken am besten. Wenn du allerdings in einer Gegend wohnst, in der Fuchsbandwurm verbreitet ist, solltest du bodennah wachsende Beeren lieber nur gut gewaschen oder noch besser erhitzt essen.

Diese Beeren sind leicht zu erkennen und essbar: Heidelbeeren, Himbeeren, Brombeeren und Walderdbeeren.

Die Beeren von Holunder, Vogelbeere oder Schlehe darf man nicht in größeren Mengen roh essen. Sie schmecken allerdings auch nicht so gut, dass man es freiwillig tut. Schlehenbeeren zu essen ist sogar eine Mutprobe, weil sie extrem sauer sind.

Hüte dich vor allem vor den kleinen roten Beeren der Eibe (Nadelbaum), vor Tollkirschen und der Einbeere. Sie sind alle lebensgefährlich. Wie sie aussehen, findest du auf Seite 76.

Pilze

Pilze darfst du auf gar keinen Fall essen, wenn du sie nicht genau kennst, denn es gibt sehr giftige Exemplare. Fass giftige Pilze und solche, die du nicht kennst, nicht einmal an!

Pfifferlinge dagegen kannst du gut sammeln. Es gibt keine giftigen Pilze, mit denen man sie verwechseln kann. Genieße sie jedoch nie ungekocht.

Pfifferlinge sind leicht zu erkennen.

Gras und Blätter

So etwas wird man natürlich nur im größten Notfall essen. Aber es gilt: Blätter von Bäumen und Gras kannst du ohne Gefahr essen. Blätter von Stauden und Büschen dagegen können auch giftig sein. Sie darfst du nur essen, wenn du dich auskennst.

Auch essbar

- Bucheckern
- Junge Brennnesselblätter, zu „Spinat“ gekocht
- Gänseblümchen
- Klee (Kleeblüten schmecken leicht nach Honig, wenn man daran lutscht)

Mit den Ohren wackeln

Weißt du, wie du deine Freunde beeindrucken kannst? Wackle einfach mit den Ohren. Auch du kannst diesen Trick erlernen, es ist alles eine Frage des Trainings.

Stelle dich vor den Spiegel und sei ganz konzentriert. Beginne damit, breit zu grinsen, und ziehe dabei die Stirn hoch. Du wirst bemerken, dass sich deine Ohren mitbewegen. Wiederhole diese Übung, bis du die richtigen Muskeln gefunden hast. Konzentriere dich bei der Bewegung immer mehr auf dein Ohr und versuche, nicht mehr zu grinsen und die Stirn zu runzeln. Es wird eine Weile dauern, doch durch Übung wirst du es irgendwann können.

Mit einem Auge zwinkern

Möchtest du unauffällig deinen Freunden ein Signal geben oder mitteilen, dass du etwas nicht ganz ernst meinst? Dann zwinkere mit einem Auge.

Zwinkere zuerst mit beiden Augen. Halte dann ein Auge mit der Hand zu und klappe das andere auf und zu. Löse nun langsam deine Hand und halte das eine Auge weiterhin geschlossen. Bewegt sich nur noch das blinzelnde Auge, öffne das geschlossene und versuche, mit dem anderen zu zwinkern.

Zwinker, zwinker!

Variante

Du kannst auch ein Auge mit zwei Fingern aufhalten und mit dem anderen blinzeln. Nach einer Weile löst du langsam die Finger, bis das Auge von selbst offen bleibt.

Schielen

Weißt du, wie du deine Eltern oder Freunde schockieren kannst? Mit einem Knick in der Optik.

Ist es gefährlich, absichtlich zu schielen?
Das landläufige Gerücht, beim Schielen können die Augen stehen bleiben, ist Quatsch und wissenschaftlich nicht bewiesen. Vermutlich haben es sich Eltern ausgedacht, damit Kinder aufhören, aus Spaß zu schielen. Denn hübsch sieht es wirklich nicht aus, wenn du die Augen verdrehst.

Strecke den Zeigefinger und halte ihn vor dein Gesicht. Konzentriere dich dann mit beiden Augen auf den Finger und führe ihn zur Nasenspitze. Schaust du nun mit den Augen auf die Nase, stehen beide Pupillen innen und du schielst.

Mit ein bisschen Übung lernst du ganz leicht zu schielen.

Auf einen Berg steigen

Gipfelstürmer brauchen eine gute Ausdauer. Wer die Tour durchhält, ist ein richtiger Held und wird mit einem sagenhaften Ausblick belohnt.

Checkliste für Gipfelstürmer

Oben auf dem Berg ist es kühl. Deshalb brauchst du eine Fleece- und eine Regenjacke. Es ist auch gut, ein zweites Unterhemd sowie eine Mütze mitzunehmen.

Auch bei starker Bewölkung musst du dich mit Sonnencreme einschmieren (mindestens Lichtschutzfaktor 25).

Schuhe

Falls es über steinige Wege nach oben geht, benötigst du hohe Wanderschuhe. Sie stützen die Knöchel und ihre Sohlen sind rutschfest. Kurze Wanderungen in flachem Gelände kannst du mit guten Turnschuhen bestreiten. Grundsätzlich gilt: Gehe niemals mit neuen Schuhe auf Wanderschaft. Hast du weiche Strümpfe an? Socken, die scheuern, führen ebenfalls zu Blasen!

Rucksack

In deinen Rucksack gehören ausreichend Getränke, Proviant (Brote, geschnittenes Obst und Gemüse), ein Handy, ein Seil, Wanderkarten und eine kleine Reiseapotheke. Wiege deinen gefüllten Rucksack.

Achte darauf, dass dein Rücksack nicht zu schwer wird.

Das Gepäck darf nicht schwerer sein als zehn Prozent deines Körpergewichtes. Sonst müssen dir deine Eltern etwas von der Last abnehmen.

Wichtige Regeln für Bergsteiger

Hört euch die genaue Wettervorhersage im Radio an. Bei starkem Regen, Sturm, Schneefall oder Gewitter ist von Bergtouren dringend abzuraten.

Plane die Wanderroute vorher gut.

Legt vorher die Tour fest und meidet gefährliche Stellen. Der größte Fehler, den Bergsteiger machen, ist, sich zu überschätzen. Wenn du in die Grundschule gehst, sollte die reine Wanderzeit nicht mehr als vier Stunden betragen. Plant zudem jede Stunde eine Pause ein!

Bist du älter als zehn Jahre? Dann kannst du eine Gehzeit von sechs Stunden bewältigen. Beim Aufsteigen sollten deine Eltern hinter dir laufen. Bleibt immer zusammen und achtet aufeinander.

Ihr müsst die Wanderung so planen, dass ihr lange vor Einbruch der Dunkelheit am Ziel seid.

Gestalte deine T-Shirts selbst

Einfarbige T-Shirts sind langweilig und out! Denkst du das auch? Dann mach aus einem einfachen Shirt dein persönliches Designermodell.

Stofffarbe

Zum Bemalen oder Bedrucken mit Stofffarbe verwendest du ein gewaschenes Baumwoll-T-Shirt.

Bemalen

Pinsel, Farbe, ein Stück Pappe sowie ein Blatt Papier und ein kräftiger Stift bringen dich deinem tragbaren Kunstwerk näher.

Auf das Papier malst du die Konturen des Motivs, zum Beispiel deinen Namen oder ein Tier. Die Pappe und die Vorlage legst du nun unter das Shirt, sodass du die Konturen durch den Stoff sehen kannst. Erst zeichnest du die Konturen nach, dann beginnst du mit dem Ausmalen.

Ist das Bild fertig, sollte die Farbe trocknen. Fixiere das Gemälde nach Anleitung, damit es die Waschmaschine überlebt.

Schablone

Hierfür bastelst du mit Pappe, Stift und Schere eine Schablone.

Male das Motiv, zum Beispiel ein Tier, auf ein Stück Pappe und schneide die Umrisse aus. Die Schablone legst du auf den Stoff und die Pappe darunter, damit die Farbe nicht durchdrückt. Nun malst du das Motiv aus. Halte dabei die Schablone fest. Danach trocknen und fixieren.

Peppe dein T-Shirt mit Stofffarbe und Pinsel auf.

Applikationen

Mit gekauften Aufnähern und Bügelbildern lässt sich das T-Shirt schnell aufpeppen. Einfach die Applikation nach Anleitung aufnähen oder -bügeln. Lass dir beim Nähen mit der Nähmaschine von einem Erwachsenen helfen.

Im Fachgeschäft erhältst du Bügelbilder, die sich ganz leicht auf deinem T-Shirt aufbringen lassen.

Knöpfe

Mit bunten Knöpfen und Nähzeug kannst du ein T-Shirt witzig gestalten. Wie du Knöpfe annähst, kannst du auf Seite 48 nachlesen.

Und so gehts

Verschönere einen runden Halsausschnitt mit kleinen Knöpfen. Du nähst Knopf an Knopf um den Ausschnitt herum. Die Verzierung sieht aus wie eine Kette.

Nähe Knöpfe vorn auf das T-Shirt, zum Beispiel in Form einer Blume. Beginne in der Mitte mit einem ausgefallenen, dickeren Knopf. Drumherum nähst du strahlen- oder blattförmig kleinere Knöpfe. Auch Sterne, Sonne oder Herzen sehen toll aus.

Anstelle von Knöpfen kannst du Pailletten annähen, Glitzersteine aufkleben oder Nieten anbringen.

TOGGO CLEVER CLUB

www.toggo-cleverclub.de

Weitere tolle Anleitungen für selbst gemachte T-Shirts findest du bei „FingerTipps" im TOGGO-CleverClub! Mehr Infos zum Club im Vorwort auf Seite 3!

Tiere unterscheiden, die ähnlich aussehen

Schwebefliege

Hilfe, eine Schlange! Oder war es doch nur eine Blindschleiche? Alleskönner sehen den Unterschied!

Schlange - Blindschleiche

Eine Blindschleiche von einer Schlange zu unterscheiden ist tatsächlich gar nicht so einfach. Sie sieht einer Schlange täuschend ähnlich, gehört aber eigentlich zu den Echsen, genauer gesagt zu den Schleichen. Ihr Körper ist daher anders aufgebaut als bei Schlangen, was dazu führt, dass sie sich langsamer und irgendwie steifer bewegt. Außerdem hat sie bewegliche und verschließbare Augenlider und keine so spitze Zunge.

Blindschleiche

Kreuzotter

Von der giftigen Kreuzotter ist die Blindschleiche gut zu unterscheiden. Sie ist kleiner, schlanker, hat eine glänzende Haut und ein Längsstreifenmuster. Die Kreuzotter hat dagegen ein Karomuster, eine stumpfere, großschuppige Haut und einen breiten Kopf.

Wespe - Schwebefliege

Schwebefliegen sind ganz harmlos, „tarnen" sich aber als Wespen, damit sie von anderen Tieren nicht gefressen werden. Die meisten Arten sind kleiner und schlanker als richtige Wespen. Vor allem aber fliegen sie anders. Sie haben nämlich nur ein Flügelpaar, nicht zwei wie die Wespen. Häufig verharren sie im Flug an einer Stelle, was Wespen nicht können.

Wespe

Hase - Kaninchen

Wenn es irgendwo hoppelt, sind es meist Kaninchen. Echte Hasen sind viel seltener. Sie sind größer, meist schlanker und haben längere Hinterläufe. Ihre Ohren sind deutlich größer und haben schwarze Spitzen.

Kaninchen Hase

Rabe - Krähe

Raben und Krähen gehören gemeinsam zur Familie der Rabenvögel. Die größeren Arten werden als Raben, die kleineren als Krähen bezeichnet. Bei uns sind vor allem die grauschwarzen Nebelkrähen verbreitet, es gibt aber auch ganz schwarze Krähen. Der einzige Rabe bei uns ist der seltene Kolkrabe, dessen Körper mehr als einen halben Meter lang ist.

Nebelkrähe

Rabe

Klatschspiele

Sich gegenseitig abzuklatschen ist recht einfach. Aber du wirst staunen, wie schwierig es ist, im Takt zu klatschen und dabei auch noch einen Vers auswendig aufzusagen! Probier es mal mit einem Spielpartner aus. Wetten, dass ihr mindestens fünf Versuche braucht? Wenn nicht, seid ihr die absoluten Klatschprofis!

Klatschspiele machen Spaß und erfordern jede Menge Konzentration.

Klatschpositionen

Position A: in die eigenen Hände klatschen
Position B: in die Hände des Partners klatschen
Position C: mit der linken Hand in die linke Hand des Partners klatschen
Position D: mit der rechten Hand in die rechte Hand des Partners klatschen

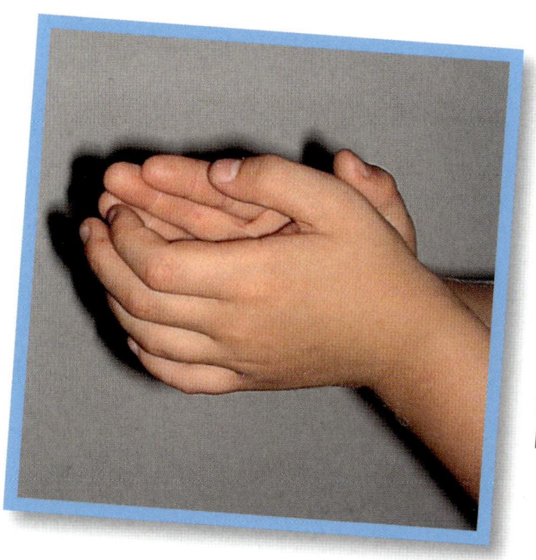

Position A - in die eigenen Hände klatschen

Bei allen Positionen kommt es darauf an, dass beide Spielpartner synchron, das heißt gleichzeitig, und zu jeder Wortsilbe klatschen.

No, si, si

Strophe 1		Strophe 2	
Wir	(Position A)	Wir	(A)
sa-	(Position B)	sa-	(A)
gen	(A)	gen	(A)
NO,	(B)	NO,	(B)
NO,	(B)	wir	(A)
NO,	(B)	sa-	(A)
wir	(B)	gen	(A)
sa-	(A)	SI,	(B)
gen	(B)	wir	(A)
SI,	(A)	sa-	(A)
SI,	(A)	gen	(A)
SI.	(A)	Em-	(B)
		pom-	(B)
		pi.	(B)

Beim Müller hat's gebrannt

Strophe 1				Strophe 2			
Beim	(A)	Dort	(A)	Dann	(A)	Die	(A)
Mül-	(B)	war	(B)	kam	(B)	List'	(B)
ler	(A)	ein	(A)	ein	(A)	fiel	(A)
hat's	(B)	Ap-	(B)	Po-	(B)	in	(B)
ge-	(A)	fel-	(A)	li-	(A)	den	(A)
brannt,	(B)	baum,	(B)	zist,	(B)	Dreck,	(B)
brannt,	(B)	baum,	(B)	zist,	(B)	Dreck,	(B)
brannt,	(B)	baum,	(B)	zist,	(B)	Dreck,	(B)
da	(A)	ich	(A)	der	(A)	da	(A)
bin	(C)	woll-	(C)	schrieb	(C)	war	(C)
ich	(A)	te	(A)	mich	(A)	mein	(A)
schnell	(D)	Äp-	(D)	auf	(D)	Na-	(D)
ge-	(A)	fel	(A)	die	(A)	me	(A)
rannt,	(B)	klau'n,	(B)	List',	(B)	weg,	(B)
rannt,	(B)	klau'n,	(B)	List',	(B)	weg,	(B)
rannt.	(B)	klau'n.	(B)	List'.	(B)	weg!	(B)

Mutproben

Bist du ein Draufgänger oder eher ängstlich? Beides hat Vorteile und Nachteile. Zu viel Mut ist manchmal gar nicht gut. Aber auch zu ängstlich zu sein, kann zum Problem werden.

Traust du dich oder nicht?

Doof oder cool? Vom Umgang mit Mutproben

Viele Kinder fordern andere ständig zu Mutproben heraus. Für die anderen ist das oft ganz schön doof. Warum sollen sie Regenwürmer essen oder der Nachbarin einen Streich spielen, nur um zu beweisen, dass sie nicht feige sind?

Dabei ist es oft viel mutiger, sich gegen blöde Mutproben zur Wehr zu setzen. Andererseits ist es auch für dich toll, wenn du dich etwas getraut hast.

Igitt! Spinnen, Kröten & Co.

Traust du dich, Spinnen, Schlangen oder Kröten anzufassen? Fast alle Menschen finden diese Tiere gruselig. Aber da es bei uns – außer der Kreuzotter – keine giftigen Exemplare gibt, ist diese Sache eigentlich völlig harmlos.

Du wirst deine Angst leichter überwinden, wenn du die Tiere erst einmal beobachtet hast und dabei feststellst, wie spannend sie sind.

Achterbahn und Zehnmeterbrett

In der Achterbahn kann einem schlecht werden. Und ein ungeschickter Sprung tut schon vom Fünfmeterbrett weh. Also probierst du erst einmal harmlose Karussells aus und feilst auf dem Einmeterbrett an deiner Sprungtechnik. Dann tastest du dich langsam an Schwierigeres heran. Wenn es aber zu unangenehm wird, lass es sein! Immerhin hast du es versucht.

Fangt mich auf!

Eine sehr lustige Art von Mutproben sind Vertrauensspiele. Dabei führt zum Beispiel ein Kind ein anderes, dem die Augen verbunden sind, durch einen Parcours. Oder: Ein Kind lässt sich nach hinten fallen und die anderen fangen es auf. Auch wenn man den anderen vertrauen kann, kostet es trotzdem Überwindung, sich fallen oder führen zu lassen.

Teste deinen Mut und fahre mit der Achterbahn!

Süßigkeiten

Lust auf etwas Süßes, aber ihr habt nichts zu Hause? Kein Problem. Zaubere dir doch einfach selbst ein paar leckere Süßigkeiten. Da du bei diesen Rezepten teilweise am Herd hantieren musst, solltest du vorsichtshalber immer einen Erwachsenen fragen, ob er dir dabei hilft.

Karamellbonbons

Für 6 Portionen benötigst du
130 Gramm Butter
200 Gramm Zucker
120 Milliliter Sahne
Backpapier

Und so gehts

Lass die Butter in einer Pfanne schmelzen. Füge den Zucker hinzu und vermische ihn gut mit der Butter, bis er sich aufgelöst hat. Gib dann die Sahne dazu und verrühre das Ganze wieder gut.

Lass die Masse leicht aufschäumen und rühre ununterbrochen, damit sie nicht anbrennt. Wenn das Karamell schön hellbraun und cremig geworden ist, gibst du kleine Portionen mit einem Teelöffel auf Backpapier. Sobald es erkaltet ist, kannst du deine selbst gemachten Karamellbonbons genießen.

Wenn das Karamell cremig ist, gibst du es auf Backpapier.

Karamell ist lecker.

Schokofrüchte

Für 6 Spieße benötigst du
12 Erdbeeren
12 Trauben
2 Bananen
3 Tafeln Schokolade
6 lange Holzstäbchen
Backpapier

Wasche die Erdbeeren und Trauben und schneide die geschälten Bananen in insgesamt zwölf Stücke. Stecke die Früchte dann in folgender Reihenfolge auf die Holzstäbchen: Erdbeere, Traube, Banane, Erdbeere, Traube, Banane.

Brich die drei Schokoladentafeln in kleine Stücke. Erhitze währenddessen Wasser in einem Topf und stelle einen kleineren Topf in das Wasserbad. Gib die Schokoladenstücke hinein und lass sie dort langsam schmelzen.

Nimm die Töpfe, sobald die Schokolade flüssig ist, vom Herd. Tauche dann die Fruchtspieße hinein. Lass sie kurz über dem Topf antropfen und lege sie zum Trocknen auf Backpapier. Nach etwa zwei Stunden ist die Glasur fest und du kannst die Schokofrüchte vernaschen.

Obst und Schokolade – eine tolle Kombination!

TOGGO CLEVER CLUB
www.toggo-cleverclub.de

Weitere tolle Rezepte für Schokoladeneis oder ein Dessert wie im Paradies findest du bei „FingerTipps“ im TOGGO-CleverClub! Mehr Infos zum Club im Vorwort auf Seite 3!

Hüpfspiele

Hüpfspiele haben nur eine feste Regel: Du musst entsprechend der vorgegebenen Reihenfolge in aufgezeichneten Feldern landen. Ob mit einem Fuß, mit zwei Füßen oder nach einer halben Drehung – das kannst du selbst bestimmen!

Hüpfspiel selbst erfinden

Gibt es auf deinem Schulhof kein Hüpfspiel? Dann denke dir selbst ein Muster aus und male es mit Kreide auf den Boden. Wie wäre es mit einer Schlange oder einem Haus? Hier sind zwei Beispiele:

Haus **Turm**

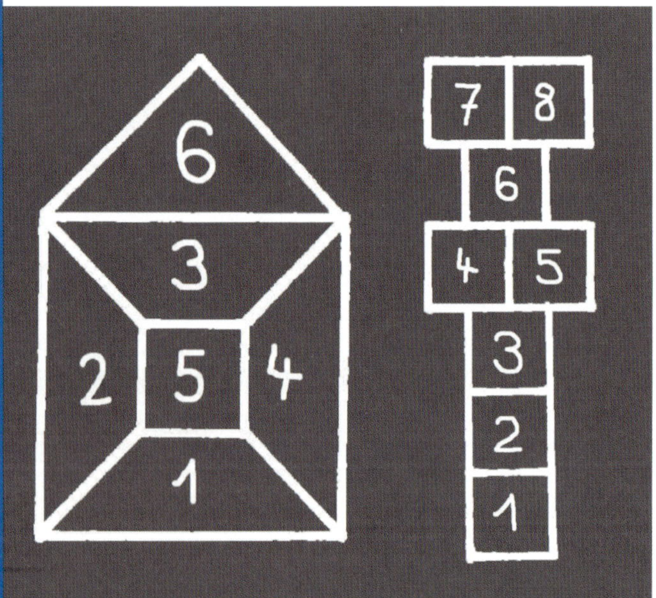

Die Kästchen sollten aneinanderhängen, aber nicht unbedingt quadratisch sein. Wichtig ist nur die richtige Größe. Wer hat die längsten Füße? Dieser Mitspieler dient als Orientierung. Wenn er sich mit beiden Beinen in ein Kästchen stellt, muss um seine Füße herum noch eine Handbreit Platz sein.

Und so gehts

Nachdem ihr die Kästchen ausgemessen, aufgemalt und nummeriert habt, darf der jüngste Spieler beginnen. Seine Aufgabe ist es, in richtiger Reihenfolge durch den Parcours zu springen.

Das Haus

Der Spieler hüpft auf dem rechten Bein in Kästchen eins, anschließend in die Zwei, Drei, Vier und Fünf. Von dort aus springt er nochmals mit einem Bein ab. Die Landung im Dach (Kästchen sechs) erfolgt aber auf zwei Beinen. Jetzt geht es wieder zurück, diesmal auf dem linken Bein!

Falls der Spieler auf eine Markierung tritt oder das zweite Bein aufsetzt, muss er noch mal sein Glück versuchen. Zuerst sind jedoch die anderen dran. Ziel ist es, den Parcours schnell und ohne Fehler zu absolvieren.

Der Turm

Springe auf einem Bein in das erste Kästchen. Nun geht es ebenfalls einbeinig weiter in die Zwei, Drei, Vier, Fünf und die Sechs.

In die letzten beiden Kästchen hüpfst du mit einer halben Drehung. Dein rechter Fuß muss im siebten Kästchen landen, der linke gleichzeitig im achten. Danach trittst du auf einem Bein den Rückweg an.

Bloß nicht das Gleichgewicht verlieren.

So hältst du ein Referat

Musst du in der Schule schon Referate halten? Früher kamen Referate erst in den höheren Klassen vor. Inzwischen ist das oft anders. Deshalb hier die wichtigsten Punkte:

Halte ein spannendes Referat vor deiner Klasse.

Referat – Worauf kommt es eigentlich an?

Bei einem Referat hältst du einen kurzen Vortrag über ein bestimmtes Thema. Du suchst dir alle wichtigen Informationen zu diesem Thema zusammen und überlegst dir dann, wie du sie so vortragen kannst, dass deine Klassenkameraden viel dabei lernen.

Du selbst lernst nicht nur ein spannendes Thema kennen, sondern auch, wie man Informationen sammelt, wie man sie ordnet und vorträgt. Das muss man nicht nur in Schule und Beruf können. Du kannst zum Beispiel auch in deinem Detektivklub ein Referat über tolle Spionagetricks halten.

Freiwillig melden?

Es ist immer eine gute Idee, sich freiwillig für ein Referat zu melden. Wenn du abgefragt wirst, musst du das können, was der Lehrer dir aufgegeben hat. Bei einem Referat kannst du dir dein Thema oft selbst aussuchen. Wenn ihr in der Schule zum Beispiel Vögel durchnehmt, kannst du fragen, ob du ein Referat über Greifvögel halten darfst.

Wie macht man das?

Unterhalte dich zunächst mit deinen Eltern oder Freunden über das Thema. Was wollen sie wissen? Was finden sie interessant? Danach suchst du nach Antworten: in Büchern, im Internet oder indem du Experten fragst.

Wenn du alles zusammen hast, schreibst du eine Art Aufsatz über das Thema. Wenn dein Referat fünf Minuten dauern soll, sollte er etwa zwei DIN-A4-Seiten lang sein.

Danach hältst du jemandem aus deiner Familie einen Vortrag, der ungefähr so ist wie der Aufsatz. Findet der andere das spannend? Hat er alles verstanden? Dann kannst du dein Referat so auch vor deiner Klasse halten.

Keine Angst vor Referaten!

Auf den Fingern pfeifen

Auf den Fingern zu pfeifen, ist nicht nur lässig, sondern auch praktisch. Bei einem Konzert oder Sportereignis kannst du deinen Gefühlen Ausdruck verleihen. Oder du machst dich mit einem Pfiff bemerkbar, sollte jemand nach dir suchen. Mit dieser Anleitung gehen dir die Töne leichter von den Fingern.

Mit zwei Fingern

Schließe die Spitze von Daumen und Mittelfinger zusammen, sodass ein O entsteht. Die Zungenspitze rollst du dann nach hinten und drückst mit den Fingern dagegen. Deine Lippen solltest du dabei straff halten und versuchen, den Mund bis auf einen kleinen Spalt zu schließen.

Stoße ordentlich Luft aus und wenn du Glück hast, wird sofort ein Pfiff ertönen. Wenn nicht, probiere es erneut. Die Zungenhaltung erfordert etwas Übung, doch irgendwann wird es klappen.

Mit vier Fingern

Lege die gestreckten Zeige- und Mittelfinger beider Hände im 45-Grad-Winkel aneinander. Dann rollst du wie beim Pfeifen auf zwei Fingern die Zungenspitze nach hinten. Die vier Finger drückst du dagegen.

Dann kräftig pusten. Der Mund sollte dabei nur leicht geöffnet und die Lippen gestrafft sein. Versuche es immer wieder, du wirst sicher bald mit einem Pfeifton belohnt.

So pfeifst du auf vier Fingern.

So schnippst du mit den Fingern

Deine Lehrer werden bestimmt nicht begeistert sein, wenn du dich meldest und dabei mit den Fingern schnippst. Doch ein echter Alleskönner sollte auch diesen Kniff beherrschen.

Lege zum Schnippen Daumen und Mittelfinger aneinander.

Presse die Fingerkuppen von Daumen und Mittelfinger fest zusammen. Den Druck löst du ganz schlagartig, indem der Mittelfinger flink den Daumen herunterrutscht und gegen den Handballen trifft. Dann müsste das schnalzende Geräusch erklingen. Nach nur wenigen Versuchen wird es dir sicherlich gelingen.

Vorsicht
Es gilt als sehr unhöflich, nach einer Person zu schnippen. Vor allem in Restaurants solltest du deine Fingerkünste nicht zur Schau stellen.

Detektivtricks

Detektiv spielen ist total spannend. Aber damit du wirklich etwas herausbekommst, musst du natürlich auch die Tricks und Methoden richtiger Detektive kennen.

Ermittle wie ein richtiger Detektiv.

Wer war es?

Welches Auto parkte gestern Nacht vor eurer Einfahrt? Wer ließ seinen Hund auf den Spielplatz machen und entfernte das Häufchen nicht? Abdrücke von Schuhen, Pfoten oder Reifen können Aufschluss geben.

Um sie zu analysieren, brauchst du Gips, den du in einem leeren Joghurtbecher mit Wasser anrührst. Die flüssige Masse wird in die Spur gefüllt. Dann heißt es, Geduld haben. Nach etwa einer Stunde ist der Gips hart geworden. Nun kannst du die Abdruckprofile herausnehmen und mit den Autoreifen, Schuhen oder Pfoten Verdächtiger vergleichen.

Wessen Schuhabdruck ist das?

Täter ertappt

War etwa der Nachbarshund der Spielplatzsünder? Das nächste Mal, wenn Hund und Herrchen spazieren gehen, verfolgst du sie und wartest ab, bis sie auf weichem Grund Spuren hinterlassen. Nun nimmst du noch einmal Abdrücke und vergleichst sie mit denen vom Spielplatz. Passen sie genau? Nun weißt du, wen du zur Rede stellen musst.

Fingerprobe

Jeder Mensch hat verschiedene Fingerkuppen. Deshalb kann man einen Täter mit einem Fingerabdruck eindeutig überführen.

Wer hat in deine Geheimschublade geschaut? Mit einem Pinsel bestäubst du den Griff vorsichtig mit etwas Mehl. Nun siehst du, wo Fingerabdrücke sind. Klebe einen Klebestreifen darauf, ziehe in vorsichtig wieder ab und klebe ihn dann auf Papier.

Hast du deinen Bruder in Verdacht? Schnappe dir nach dem Essen heimlich sein Messer und nimm auch davon Fingerabdrücke. Diese vergleichst du mithilfe einer Lupe mit denen vom Tatort.

Eine Falle für den Täter

Aber war überhaupt jemand an deinen Sachen? Das kannst du feststellen, indem du ein Haar in der Schublade oder Zimmertür festklemmst. Ist es verschwunden, hat jemand die Tür oder die Schublade geöffnet.

Notlügen

Es gibt Situationen, da darf man ein kleines bisschen schwindeln. Notlügen sind Flunkereien, die nicht vorab geplant wurden. Wie der Name schon sagt, sollte man sie nur in Notfällen verwenden, zum Beispiel wenn man in der Patsche steckt.

Wann darf ich eine Notlüge benutzen?

Eine Notlüge kann man benutzen, um sich und andere vor einer Strafe zu schützen oder wenn die Wahrheit eine andere Person verletzen würde.

Beispiel

Deine Mutter fragt dich verärgert, warum du so spät aus der Schule kommst. Dann könntest du ihr vorlügen, dass du deinem Banknachbarn noch die Hausaufgaben erklären musstest. Sie wird nicht länger sauer sein, denn du bist ja aufgrund deiner Hilfsbereitschaft zu spät gekommen.

Kann eine Notlüge auffliegen?

Grundsätzlich kann eine Notlüge auffliegen, wenn in der Flunkerei Zeugen vorkommen. Mache deine Zeugen zu Komplizen und sorge dafür, dass sie dich decken.

Im Beispiel von oben könnte deine Mutter fragen, wem du die Hausaufgaben erklärt hast. Jetzt ist eine schnelle Antwort gefragt! Überlege dir vorab, wie du deine Geschichte ausschmücken könntest. Und der Schulkollege, den du benennst, sollte über deine Lüge informiert sein.

Ärger mit den Eltern? Jetzt heißt es, schnell reagieren.

Was macht einen Lügner verdächtig?

Wer bei seiner Schwindelei ins Stocken gerät oder zu hektisch redet, macht sich in beiden Fällen verdächtig. Erzähle deine Geschichte flüssig, aber ruhig und gehe sie im Kopf - falls noch Zeit ist - vorab einmal durch.

Wütend? Jetzt bloß nicht das falsche Schimpfwort benutzen!

Neue Schimpfwörter finden

Du bist wütend und möchtest mal richtig laut schimpfen? Dann gibt es hier ein paar passende Schimpfwörter. Lässig daran ist: Du kannst sie selbst dann benutzen, wenn andere dabei sind. Denn diese Schimpfwörter versteht man nämlich eher in England, Frankreich oder Italien.

Wort	Aussprache	Bedeutung
STRONZO!	STRONZO	Italienisch = Dummkopf
LAZYBONES!	LEJSIBOENS	Englisch = Faulenzer
QUELLE BARBE!	KELL BARB	Französisch = So ein Mist!

Stelle eigene Buttons her

Bist du ein großer Fan von Ansteckbuttons auf der Jacke? Die sehen super aus. Doch am besten wäre es, du könntest einen ganz nach deinem Geschmack tragen. Überhaupt kein Problem – hier kommt eine Anleitung, wie du deinen individuellen Anstecker kreierst.

Vorbereitungen

Bevor du mit dem Gestalten beginnst, informiere dich über die Größe der Buttons, die die von dir benutzte Buttonmaschine produziert. Es gibt sie in verschiedenen Größen von 25 bis 59 Millimeter Durchmesser. Die Hersteller haben üblicherweise Vorlagen für den Papierkreis und den später sichtbaren Bereich des Buttons.

Kreiere deine eigenen Buttons.

Und so gehts

Zeichne einen Kreis mit entsprechendem Durchmesser auf ein herkömmliches Blatt Papier und schneide ihn aus. Hast du mit der Buttonmaschine einen ausgestanzten Papierkreis geliefert bekommen, kannst du gleich mit der schöpferischen Arbeit beginnen. Verziere das Papier nach deinem Geschmack:

- Bemale es mit Bunt- und Filzstiften oder Wasserfarben.
- Male oder drucke wie bei einem Namensschild deinen Namen darauf.
- Benutze ein Lieblingsfoto, zum Beispiel von dir oder deinem Haustier.
- Klebe ausgeschnittene Bilder aus Zeitschriften auf.

Berücksichtige bei deiner Arbeit, dass der äußere Rand (etwa fünf bis acht Millimeter) später nicht sichtbar ist. Er wird bei der Fertigung nach hinten umgeschlagen.

Wo kann ich Buttons herstellen lassen?

Eine Buttonmaschine ist nicht ganz preiswert und kaufen oder mieten lohnt sich meist erst, wenn du große Mengen herstellst.

Manche Schnelldruckereien können dir jedoch dabei helfen, deine Ideen in Buttons zu verwandeln. Falls bei dir keine in der Nähe ist, schaue einfach im Internet nach.

Es gibt auch fertige Button-Rohteile zu kaufen, in die du deine Papiervorlage selbst einlegst und zusammendrückst. Er heißt Ruck-Zuck-Button, kann wieder geöffnet und mit neuem Einleger erneut verwertet werden.

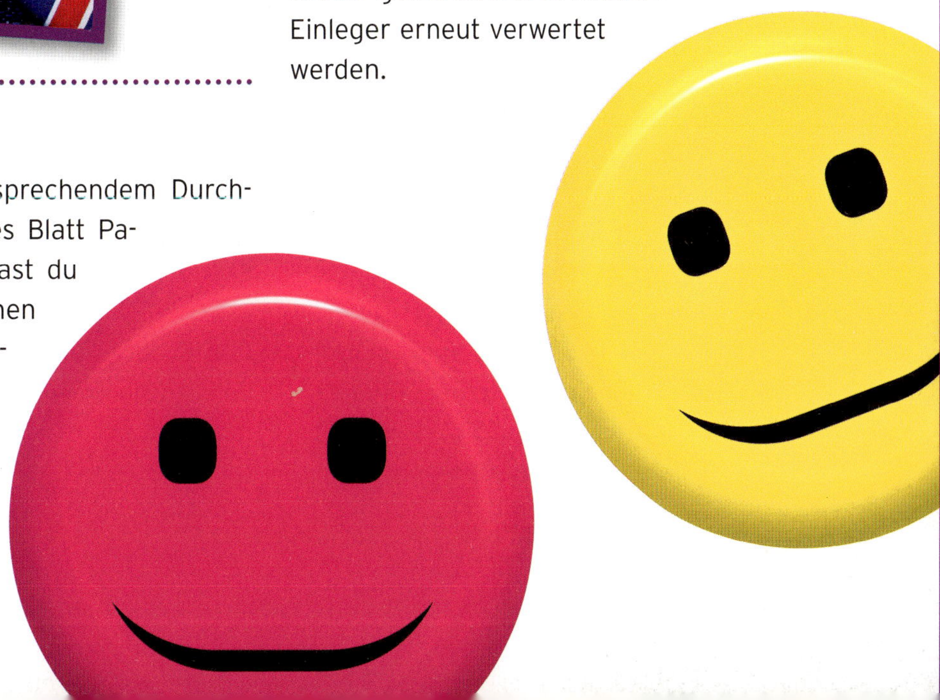

So spielst du Basketball

Du musst kein langer Lulatsch sein, um beim Basketball einen Korb zu werfen. Mit Schnelligkeit und guter Wurftechnik kannst du zu einem „Slam-Dunker“ werden. Wie das geht, erfährst du hier.

Grundregeln

Ziel ist es, den Ball in den Korb zu werfen.

Die Mannschaft

Zwei Mannschaften spielen gegeneinander und versuchen, den Ball so oft wie möglich in den Korb des Gegners zu werfen. Im Normalfall stehen fünf Personen jeder Mannschaft auf dem Feld, die anderen können eingewechselt werden.

Basics

Basketball ist sehr schnell und anstrengend - da freut sich selbst das größte Ass über eine kleine Auszeit. Das Spiel dauert viermal zehn Minuten. Der Korb ist in 3,05 Meter Höhe an einem Brett angebracht, aber in vielen Hallen lässt er sich für Kinder etwas tiefer stellen.

Ballspiel

Mit dem Ball in der Hand darfst du nicht laufen. Stattdessen kannst du ihn zum Mitspieler werfen oder dribbeln. Dafür prellst du den Ball mit einer Hand beim Laufen auf den Boden.

Die beste Kontrolle hast du, wenn die Hand möglichst lange mit dem Ball in Kontakt bleibt. Die Hand darf aber niemals unterm Ball sein, sondern nur darüber oder an der Seite.

Hier gilt wieder: Übung macht den Meister. Wenn du den Ball dann festhältst, darfst du nicht erneut losdribblen, sondern musst ihn abgeben oder auf den Korb werfen.

Würfe

Beim Werfen hebst du den Ball auf Kopfhöhe. Dann stößt du ihn mit der Wurfhand aus dem Handgelenk heraus in Richtung Korb. Du kannst bei diesem Wurf auch hochspringen, damit die Entfernung zum Korb kürzer wird. Wenn der Ball trifft, gibt es dafür zwei Punkte.

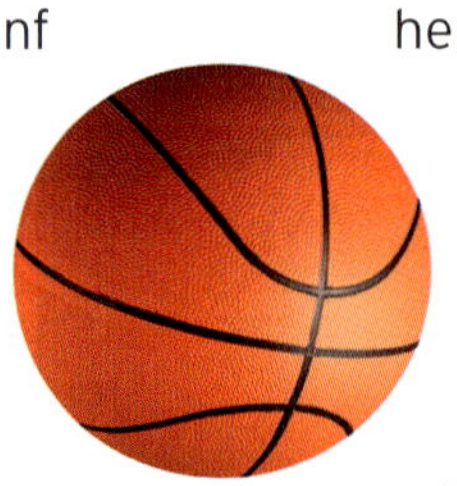

Bist du nahe am Korb, kannst du den Ball im Sprung leicht antippen und so gegen das Brett werfen, dass der Ball von dort einfach in den Korb fällt.

Drei-Punkte Wurf

Willst du mit einem Wurf mehr Punkte kassieren, musst du aus der Entfernung treffen. Wenn du hinter der 3-Punkte-Linie bleibst (das sind 6,25 Meter um den Korb herum), gibt es drei Punkte für jeden Korbwurf.

Slam-Dunk

Die spektakulärsten Treffer erzielst du mit einem Slam-Dunk, auch Dunking genannt. Dafür wirfst du den Ball nicht, sondern springst so hoch, dass du den Ball von oben mit einer oder gleich mit beiden Händen in den Korb hineindrückst. Das englische Verb „to dunk“ bedeutet übrigens „eintauchen“ oder „eintunken“.

Street-Basketball

Die Basketballhalle ist belegt oder ihr seid nur zu sechst oder gar nur zu viert? Kein Problem, dann spielt draußen Street-Basketball.

Dabei werft ihr auf nur einen Korb. Fängt die verteidigende Mannschaft den Ball, muss sie ihn vor ihrem Angriff erst zurück hinter die 3-Punkte-Linie bringen. Außerdem spielt man nicht auf Zeit, sondern so lange, bis die erste Mannschaft eine bestimmte Punktzahl erreicht, die ihr vorher festgelegt habt.

Hebe beim Werfen den Ball auf Kopfhöhe.

Dribbeln

Jägerball

Du bist mit ein paar Freunden zusammen und ihr habt Lust, Ball zu spielen? Immer nur kicken ist auf Dauer langweilig. Doch wie wäre es mit Jägerball?

Für dieses Spiel benötigt ihr einen Ball. Ihr solltet eine Gruppe von mindestens acht Personen sein und könnt draußen oder in der Turnhalle spielen.

Und so gehts

Steckt als Erstes ein Spielfeld ab, je nach Anzahl der Spieler etwa zehn mal zehn Meter groß. Markiert es im Freien beispielsweise mit Stöcken oder kleinen Steinen.

Innerhalb des Spielfelds halten sich die Hasen auf, außerhalb gehen der oder die Jäger auf die Pirsch. Mit dem Ball wirft er auf die Mitspieler (Hasen). Trifft er einen, so muss dieser ausscheiden. Fängt der Hase jedoch den Ball mit den Händen, darf er im Spiel bleiben. Ist das letzte Langohr erlegt, ist das Spiel vorbei.

Die Rollen können sich im Spiel auch ändern, abgeschossene Hasen werden zu Jägern und erfolgreiche Jäger zu Hasen.

Bastle eine Sonnenuhr

Deine Armbanduhr ist mal wieder stehen geblieben! Doch du musst unbedingt wissen, wie spät es ist, schließlich hast du noch eine Verabredung am Baggersee. Damit dieser herrliche Sommertag nicht ins Wasser fällt, bastle dir eine Sonnenuhr.

Das brauchst du dazu

Das Wichtigste ist natürlich Sonnenschein. Ferner benötigst du ein großes Stück festes Papier oder Pappe, einen Zirkel, ein Lineal, ein Geodreieck, einen Stift, eine Schere, einen dünnen Stock, einen Kompass und einen Blumentopf, der mit Erde gefüllt ist.

Das Zifferblatt

Zuerst zeichnest du mit dem Zirkel einen Kreis auf das Papier (circa 30 Zentimeter Durchmesser) und schneidest ihn aus. Den Kreis unterteilst du nun mit dem Lineal in vier gleich große Teile - so wie du eine Pizza gerecht in vier Viertel teilen würdest. Schreibe an die Endpunkte der einzelnen Viertel im Uhrzeigersinn die Zahlen 0, 6, 12, 18. Und fertig ist das Grundgerüst für die Sonnenuhr.

Jetzt kommt die Feinarbeit: Mit dem Geodreieck unterteilst du das Viertel zwischen 6 und 12 in sechs gleich große Teile (à 15 Grad) und markierst sie mit dem Stift. Das Gleiche machst du mit dem Viertel zwischen 12 und 18. Dann nummerierst du die Striche von 7 bis 17 durch. Damit ist dein Zifferblatt fertiggestellt.

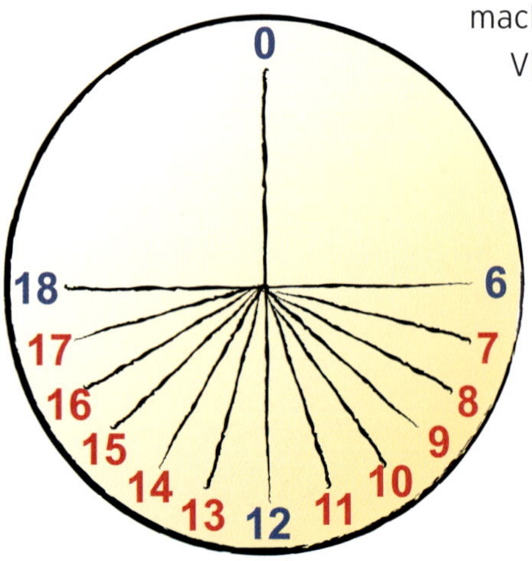

Fertige das Zifferblatt an.

Und schon gehts weiter

Durch die Mitte des Kreises, wo der Zirkel einen Einstich hinterlassen hat, schiebst du senkrecht den Stock. Er sollte oben ein Stück herausstehen. Stecke das Ganze in den mit Erde gefüllten Blumentopf, sodass die Uhr nicht umfallen kann.

Der Standort

Nun suchst du dir ein sonniges Plätzchen und drehst die Uhr so, dass die 12 nach Norden zeigt. Der Kompass zeigt dir, wo diese Himmelsrichtung liegt.

Aufgepasst! Von Ende März bis Oktober haben wir Sommerzeit, bei der die Uhr eine Stunde vorgestellt wird. Also musst du die Uhr im Sommer so ausrichten, dass die 13 nach Norden zeigt.

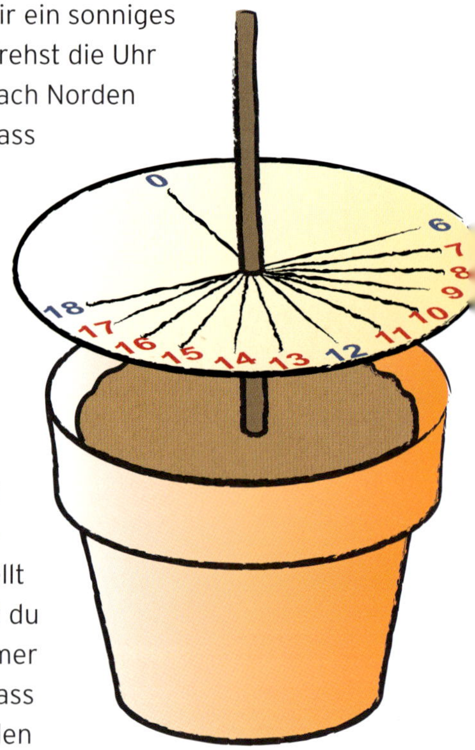

Stelle die Uhr in die Sonne.

Der Schatten des Stocks ist der Uhrzeiger. Während die Sonne über den Himmel wandert, bewegt er sich langsam über das Zifferblatt der Sonnenuhr.

Murmelspiele

Wusstest du, dass Murmeln früher aus Marmor hergestellt wurden? Daher leitet sich auch der Name der kleinen Kugeln ab. Bevor du eine Partie wagst, solltest du aber im Trainingslager die verschiedenen Wurftechniken üben.

Man kann nie genügend Murmeln haben.

Die Techniken

Gelenkwurf

Klemme die Murmel zwischen Daumen und Zeigefinger. Der Wurf erfolgt mit Schwung aus dem Handgelenk.

Schieben

Die Murmel wird am Boden gerollt und durch den gekrümmten Zeigefinger sanft angestoßen.

Schnippen

Ziehe den Zeigefinger an und umschlinge ihn mit dem Daumen. Dann drücke den Finger mit einem Ruck nach vorn, sodass er über den Daumen rutscht. Gib der Murmel dabei einen Kick vorwärts.

Wer hat am Ende die meisten Murmeln?

Das Einloch-Spiel

Spielerzahl:	2-5
Murmeln:	6 pro Spieler

Dieser Wettbewerb wird auf einem Naturboden (Sandstrand, Waldboden) ausgetragen. Grabe ein Loch, das so groß wie deine flache Hand ist. Dann misst du fünf große Schritte ab und ziehst, zum Beispiel mit einem Stock, die Wurflinie.

Von dort aus versuchen die Spieler nun abwechselnd, das Loch zu treffen. Verfehlt eine Kugel ihr Ziel, bleibt sie liegen. Wer aber ins Loch trifft, darf alle Murmeln, die das Loch verfehlt haben, einsammeln. Ziel des Spiels ist es, möglichst viele Kugeln der anderen abzustauben.

Andotzen

Spielerzahl:	2
Murmeln:	3 pro Spieler

Zieht eine Linie. Beide Spieler stellen sich daran auf, der ältere beginnt. Er wirft eine Murmel über die Linie. Wohin er wirft, bleibt dem Spieler selbst überlassen – es ist aber ratsam, das Spielfeld zu begrenzen.

Nun ist der zweite Spieler an der Reihe. Er versucht, mit seiner Murmel die Kugel des Gegners zu treffen. Schafft er es, darf er beide Murmeln einkassieren. Wenn nicht, hebt der erste Spieler seine Kugel wieder auf. Er geht zurück zur Linie und probiert nun seinerseits, die Murmel des Rivalen zu treffen.

So geht es im Wechsel weiter. Das Spiel ist zu Ende, wenn einer alle sechs Murmeln erobert hat.

Leckere Getränke

Du hast Freunde zu Besuch und ihr habt Durst? Hier kommen ein paar leckere Rezepte für selbst gemachte Getränke: frische Zitronenlimonade für heiße Sommertage, ein Kindercocktail für die Party und heiße Schokolade, die euch im Winter schnell wieder aufwärmt.

Heiße Schokolade

Für 6 Gläser benötigst du
1,5 Liter Milch
6 Esslöffel Kakaopulver
10 Esslöffel Zucker
150 Milliliter Schlagsahne
Bunte Zuckerstreusel

Heiße Schokolade – was gibt es Besseres?

Und so gehts
Gib die Milch, den Kakao und den Zucker in einen Topf und erhitze das Ganze unter ständigem Rühren. Am besten geht das mit einem Schneebesen. Hat sich der Kakao aufgelöst, füllst du die heiße Schokolade in die Tassen. Schlage zum Abschluss die Sahne mit einem Rührgerät, bis sie schön fest ist. Gib diese dann auf das Getränk und streue noch ein paar bunte Zuckerstreusel darüber!

Zitronenlimonade

Für 6 Gläser benötigst du
4 Zitronen
70 Gramm Zucker
800 Milliliter kaltes Wasser
150 Milliliter heißes Wasser
1 Prise Salz
Eiswürfel

Mmmmm... frische Zitronenlimonade!

Und so gehts
Presse die Zitronen aus. Rühre mit einem großen Löffel um, bis das Wasser klar ist. Gib das Zuckerwasser mit dem Zitronensaft in eine Karaffe und gieße das Ganze mit dem kalten Wasser auf. Füge eine Prise (nur so wenig, wie zwischen zwei Finger passt) Salz dazu, sonst wird die Limonade später bitter, und serviere sie deinen Freunden mit Eiswürfeln.

Kindercocktail

Für 6 Gläser benötigst du
500 Milliliter Orangensaft
300 Milliliter hellen Traubensaft
300 Milliliter Ananassaft
6 Fruchtgummibärchen
6 Eiswürfel
6 bunte Strohhalme

Dieser Kindercocktail ist auf jeder Party der Hit!

Und so gehts
Lege die Fruchtgummis in eine Eiswürfelform und fülle sie mit Wasser. Stelle das Ganze dann für mindestens zehn Stunden in den Gefrierschrank. Mische dann die Säfte in einem Messbecher und verrühre sie gut mit einem Löffel. Fülle die Mixtur in Gläser und gib jeweils einen Eiswürfel mit Fruchtgummi dazu. Nun fehlen nur noch die Strohhalme und schon geht die Cocktailparty los.

Knoten machen

Zu den Dingen, die man als Abenteurer unbedingt können sollte, gehören Knoten, die auch wirklich halten, die man aber auch leicht wieder aufbekommt.

Palstek

Der Palstek wurde in der Seefahrt früher als der König der Knoten bezeichnet, weil man ihn am meisten verwendete. Stek ist übrigens ein altes Seemannswort für Knoten.

Mit dem Anbindeknoten banden Cowboys ihre Pferde fest.

Und so gehts

1. Mit dem Seil ein Auge formen
2. Das lose, kurze Ende des Seils durch die Öse des Gegenstands, der festgeknotet werden soll (zum Beispiel Angelhaken) ziehen
3. Das Seilende durch das Auge schieben
4. Das kurze Seilende einmal um das restliche Seil schlingen
5. Das kurze Ende wieder durch das Auge zurückstecken
6. Festziehen

Forme mit dem Seil ein Auge.

Lassoknoten

Ein Lassoknoten ist dem Palstek ziemlich ähnlich. Er soll jedoch nicht festsitzen, sondern sich zuziehen können, wenn man mit dem Lasso etwas gefangen hat.

Und so gehts

1. Mit dem Seil ein Auge formen
2. Das Seilende durch das Auge schieben und dabei ein großes Auge lassen
3. Das Seilende nicht wie beim Palstek um das lange Ende des Seils, sondern direkt neben dem kleinen Auge um das Seil des großen Auges wickeln
4. Durch das kleine Auge zurückstecken
5. Festziehen

Anbindeknoten

Diesen Knoten verwendeten Cowboys, wenn sie ihre Pferde anbanden. Er geht nicht auf, so wild das Pferd auch daran zieht. Der Cowboy aber kann ihn mit einem Ruck wieder lösen.

Und so gehts

1. Seil durch eine Öse oder um einen Balken ziehen
2. Mit dem durchgezogenen Seilende ein Auge formen und auf das lange Seilende legen
3. Mit dem kurzen Seilende eine Schlinge formen und diese unter dem langen Seilende hindurch durch das Auge schieben.
4. Festziehen

Mein kompliziertester Knoten! ____________
Datum

Wenn nun dein Pferd (oder dein Hund oder dein Boot) am langen Seilende zieht, passiert überhaupt nichts. Aber wenn du am kurzen Seilende ziehst, hast du den Knoten im Nu auf.

Der Lassoknoten

Kunst aus der Natur

Borkenbilder malen

Hast du schon einmal beobachtet, welch tolle Muster die Rinde an einem Baum hat? Das kannst du dir mit nach Hause nehmen. Klebe ein Blatt Papier mit Klebestreifen an einen besonders schönen Baum und reibe dann mit Wachsmalkreide darüber. Du kannst auch mehrere Kreidefarben benutzen.

Blumen pressen

Wenn du schöne Blätter und Blumen findest, die du gern aufheben möchtest, dann lege sie zu Hause zwischen Löschpapier und beschwere das Ganze mit einem dicken Buch. Nach gut einer Woche kannst du die Pflanzen herausnehmen und vorsichtig in ein Album kleben.

Auf einem Grashalm pfeifen

Wichtig ist, dass du einen möglichst harten und breiten Grashalm auswählst. Spanne diesen längs zwischen deinen beiden Daumen. Zwischen den Daumen muss jedoch ein Spalt frei bleiben. Wenn du darauf bläst, vibriert der gespannte Halm und erzeugt dabei ein Pfeifen. Das braucht allerdings ein wenig Übung.

Baumhöhe schätzen

Wie groß ist wohl der Baum, der da auf der Wiese steht? Mit einem Holzfällertrick bekommst du das leicht heraus. Die Voraussetzung ist, dass du weißt, wie groß deine Schrittlänge ist.

Um den Baum zu messen, stellst du dich in ziemlich großem Abstand vor ihn und hältst einen Stab vor den Stamm. Deine beiden Hände markieren am Stecken den Fuß und die Spitze des Baumes. Dann klappst du den Stab um 90 Grad um.

Deine eine Hand markiert jetzt einen Punkt am Boden, der genauso weit vom Baumstamm entfernt ist, wie der Baum hoch ist. Bitte einen Freund, sich an diesen Punkt zu stellen. Gehe dann zu ihm und miss mit deinen Schritten den Abstand zum Baumstamm.

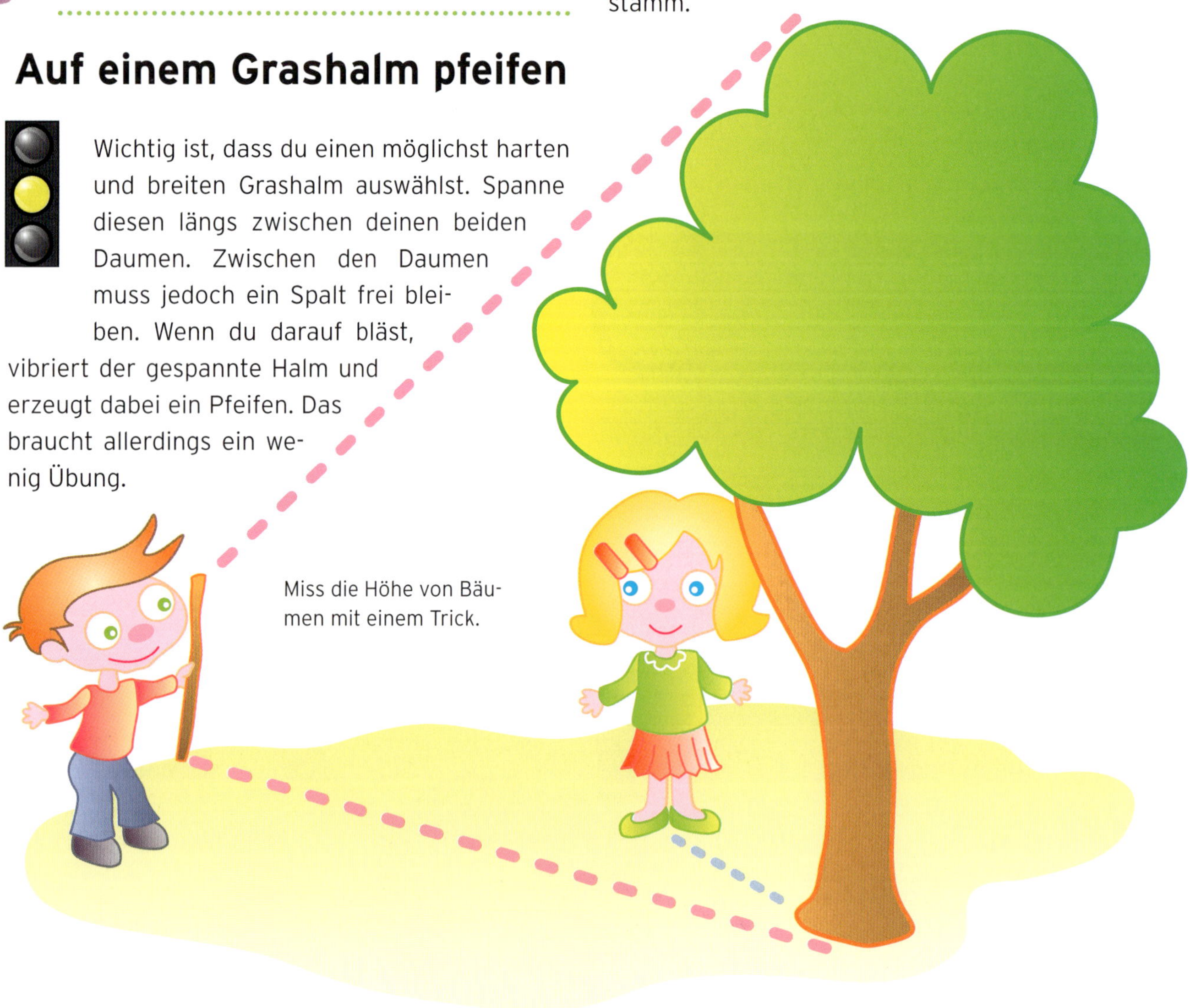

Miss die Höhe von Bäumen mit einem Trick.

Seilspringen

Seilspringen ist ein perfekter Sport für Alleskönner! Trainieren kannst du damit insbesondere Bauch, Beine, Po, deine Koordination und Ausdauer. Selbst Boxer können richtig gut Seil springen! Sie wärmen sich nämlich damit vor ihrem Kampf auf.

Und so gehts

In der Grundstellung liegt das Seil hinter deinen Füßen und berührt den Boden. Oberarme und Ellenbogen sind ganz nah am Körper, jede Hand hält ein Seilende fest.

Nun schwingst du das Seil über den Kopf nach vorn und hüpfst im richtigen Moment darüber. Stelle dich am besten auf die Zehenspitzen, so kannst du leichter vom Boden abfedern.

Kaum ist das Seil übersprungen, musst du gleich wieder Schwung holen. Achte auf deine Oberarme – sie bleiben dicht am Körper! Das Seil wird fast nur durch die Bewegung der Handgelenke gleichmäßig in Schwung gehalten. Wenn du zu sehr mit den Armen ruderst, verlierst du den Rhythmus.

Schwinge das Seil von hinten über deinen Kopf.

Achte darauf, dass dein Springseil die richtige Länge hat.

Es gibt unterschiedliche Arten zu springen:

Pferdchenhüpfer

Du stehst nur auf dem rechten Bein. Wenn das Seil kommt, drücke dich mit rechts ab und lande auf dem linken Fuß. Beim nächsten Umschwung springst du wieder von links auf rechts. So geht es im Wechsel weiter.

Klassischer Sprung

Bei dieser Variante bleiben die Beine zusammen. Du drückst dich gleichzeitig mit beiden Füßen ab, die Landung erfolgt ebenfalls auf zwei Beinen.

Flamingosprung

Das rechte Bein steht auf dem Boden, das andere ziehst du an. Gesprungen wird zuerst nur mit dem rechten Fuß, der linke bleibt in der Luft. Mache fünf Hüpfer und wechsle danach auf das andere Bein.

Die richtige Seillänge

Stelle dich auf die Mitte des Seiles und ziehe die Enden nach oben. Das Seil muss rechts und links bis unter die Arme gehen. Wickle dann das Seil auf jeder Seite einmal um die Hand, sodass es bis zur Brust reicht. Anfänger sollten mit dünnen Sprungseilen trainieren.

So lernst du morsen

Willst du eine geheime Nachricht mit einer Lampe übermitteln? Dann lerne einfach zu morsen.

Und so gehts

Du benötigst eine Taschenlampe, das Morsealphabet auf einem Blatt Papier und ein wenig Übung, damit das Übersetzen nicht so lange dauert.

Beim Morsen wird jeder Buchstabe durch eine Folge von kurzen und langen Signalen dargestellt (in der Tabelle als Punkt beziehungsweise Strich gekennzeichnet). Für einen Punkt drückst du kurz auf die Taschenlampe, für einen Strich lang. Zwischen jedem Buchstaben wird eine kleine Pause gelassen, zwischen Wörtern eine längere.

A	•–	S	•••
B	–•••	T	–
C	–•–•	U	••–
D	–••	V	•••–
E	•	W	•––
F	••–•	X	–••–
G	––•	Y	–•––
H	••••	Z	––••
I	••	0	–––––
J	•–––	1	•––––
K	–•–	2	••–––
L	•–••	3	•••––
M	––	4	••••–
N	–•	5	•••••
O	–––	6	–••••
P	•––•	7	––•••
Q	––•–	8	–––••
R	•–•	9	––––•

Das Morsealphabet

Dieses Alphabet wurde übrigens vor fast 200 Jahren von dem Amerikaner Samuel Morse entwickelt. Es sieht zwar sehr kompliziert aus, aber es gibt einen Trick: Die häufigsten Buchstaben sind die kürzesten. So ist das E einfach ein einziges kurzes Leuchtsignal, das Z hingegen besteht aus vielen Signalen.

Sprich und schreibe rückwärts

Otto, Anna, Rentner, Radar – diese Wörter sind ganz einfach rückwärts zu sprechen, nämlich genau so wie vorwärts. Gelingt es dir, schwierigere Wörter oder ganze Sätze rückwärts aufzusagen, kannst du sie sogar als Geheimsprache oder -schrift benutzen.

Und so gehts

Um rückwärts sprechen zu lernen, beginnst du am besten damit, rückwärts zu schreiben. Du notierst ein Wort vorwärts und schreibst dann die Buchstaben von hinten nach vorn ab.

Kannst du rückwärts schreiben?

Sprich nun das geschriebene Wort. Willst du nicht immer Zettel und Stift benutzen, hilft es nur, fleißig zu üben. Überlege dir die Buchstaben des Wortes im Kopf und sprich sie langsam von hinten. Es ist nicht nur lustig, sondern auch ein gutes Training für dein Gehirn. Leiv Ssaps!

Zaubertricks

Ob Münze oder Tuch – geübte Zauberer können alles verschwinden lassen. Doch wie geht der Trick?

Wo ist die Münze?

Setz dich an einen Tisch und nimm eine Münze in die rechte Hand. Jetzt stützt du deinen linken Ellenbogen auf dem Tisch ab und hältst den Arm gerade nach oben. Drücke die Münze mithilfe deiner rechten, flachen Hand an den linken Unterarm. Sie darf nicht mehr zu sehen sein.

Immer schön reiben

Reibe nun mit der rechten Hand mehrmals den Arm entlang. Irgendwann wird die Münze herunterfallen. Das soll sie auch! Nimm das Geldstück dann mit beiden Händen wieder auf, lege es erneut in die rechte Hand und wiederhole die Aktion. Das machst du insgesamt dreimal.

Der Trick

Wenn das Publikum müde wird, kommt der Trick: Statt es in die rechte Hand zu nehmen, lässt du das Geldstück beim Aufnehmen flink in der linken Faust verschwinden. Die rechte Hand legst du aber wieder an den linken Unterarm und formst sie so, als wäre die Münze darin. Jetzt wird ein letztes Mal gerieben, plötzlich öffnest du die Hand. Und siehe da – du hast das Geldstück weggezaubert!

Verblüffe dein Publikum durch unglaubliche Zaubertricks.

Das verschwundene Tuch

Hast du schon mal gesehen, wie ein Tuch spurlos in der Hand eines Magiers verschwindet? Für diesen Trick braucht man einen falschen Daumen. Er besteht aus Kunststoff und ist innen hohl. Der Zauberer hält ihn in der Faust seiner rechten Hand verborgen.

Mit den Fingern der anderen Hand drückt er das kleine Seidentuch in seine Faust und gleichzeitig in den falschen Daumen hinein. Bei diesem Vorgang kommt schließlich auch der linke Daumen zum Einsatz. Dieser wird so tief in den Kunstdaumen gebohrt, bis der falsche Finger darauf stecken bleibt.

Lass ein ganz gewöhnliches Tuch verschwinden.

Die Zuschauer glauben, der Magier habe seine linken Finger in die hohle, rechte Faust gedrückt. Dass dabei ein falscher Daumen samt Tuch übergestülpt wurde, konnten sie nicht sehen.

TOGGO CLEVER CLUB
www.toggo-cleverclub.de

Lust aufs Zaubern bekommen? Bei „Kibama" im TOGGO-CleverClub findest du weitere Tricks! Du möchtest den Club testen? Den Zugangscode findest du auf Seite 3!

So gründest du eine Band

Was ist schöner, als Musik zu hören? Natürlich selbst zu musizieren. Besonders viel Freude macht es mit anderen zusammen. Gründe eine Band, vielleicht gewinnen du und deine Freunde eines Tages sogar einen Nachwuchswettbewerb.

Begeistert euer Publikum mit einem Live-Auftritt.

Voraussetzung

Um in einer Band zu spielen, solltest du ein Instrument sicher beherrschen und Spaß daran haben, es zu spielen und zu üben. Gemeinsam in einer Gruppe zu musizieren, bedeutet auch, zusammenzuhalten und Kompromisse einzugehen. Anfangs sollten vor allem die eigene Freude und die Liebe zur Musik im Vordergrund stehen.

Bandmitglieder finden

Ideal ist es, wenn du mit Freunden eine Band gründest. Kumpels kannst du leichter alles sagen und hast keine Hemmungen, vor ihnen einfach drauflos zuspielen. Seid ihr alle musikalisch auf dem gleichen Level und spielt die Instrumente, die ihr für die Gruppe braucht, wäre es perfekt. Doch leider ist es nicht immer so. Kein Problem! Sucht doch einfach weitere Bandmitglieder.

1. Macht Aushänge am schwarzen Brett in Musikschulen oder Musikalienläden.
2. Fragt eure Instrumental- oder Musiklehrer in der Schule, ob sie jemanden kennen.
3. Erzählt vielen Freunden und Erwachsenen von eurem Vorhaben, oft ergeben sich neue Kontakte durch Mundpropaganda.
4. Besucht Proben und Konzerte anderer Bands, um Gleichgesinnte kennenzulernen.

Welche Musikrichtung?

Einigt euch zu Beginn, welche Musik ihr spielen möchtet (Klassik, Rock, Heavy Metal). Anschließend beratschlagt ihr, welche Instrumente oder Sänger in der Band sinnvoll sind. Für Rock- oder Popmusik sind Schlagzeug, Bass, Gitarre, Keyboard und gegebenenfalls ein Sänger ein gutes Grundgerüst. Experimentiert bei der Besetzung, vielleicht gibt ein Saxofon oder eine Violine eurer Gruppe eine spezielle Note.

Lieder

Euer Repertoire kann aus gecoverten, das heißt nachgespielten, Songs oder selbst geschriebenen Liedern bestehen. Zu Beginn ist es sinnvoll, sich Noten oder Songbücher zu organisieren und Lieder nachzuspielen. Bereite dich zu Hause darauf vor, indem du deinen Part übst und den Originalsong mehrfach anhörst.

Durch das Covern entwickelt ihr das Gefühl für das Spielen innerhalb ei-

Welche Instrumente passen zu eurer Musikrichtung?

Übt eure Stücke immer zu Hause, damit die Proben besser klappen.

ner Band. Außerdem erfahrt ihr viel über den Aufbau von Musikstücken. Das kann euch helfen, eigene Texte und Lieder zu schreiben. Doch auch dafür braucht ihr vor allem Zeit, Geduld und Übung.

Probenraum

Ihr wollt richtig aufdrehen, ausprobieren und Spaß haben? Klar, dass es dann nicht heißen soll: „Bitte etwas leiser". Als Übungsraum eignet sich also ein Ort, an dem ihr andere nicht stört. Ein Keller, ein gut isolierter Bastelraum oder eine Garage könnte als solcher genutzt werden.

Fragt auch in einem Jugendzentrum oder in eurer Schule nach. Oft gibt es dort die Möglichkeit, einen Raum nach Schulschuss zu nutzen. Habt ihr in der Gruppe einen Schlagzeuger? Da seine Familie sicher lautes Trommeln gewohnt ist, kann sich die Band eventuell bei ihm zum Üben treffen.

Bei der Wahl des Probenraumes solltet ihr berücksichtigen, dass er in der Nähe liegt. Macht gleich nach der ersten Probe einen festen Termin aus, an dem ihr euch regelmäßig zum Üben trefft.

Vielleicht könnt ihr bei eurem Schlagzeuger zu Hause üben. Seine Eltern sind laute Musik gewöhnt.

Auftritte

Habt ihr ein paar Songs einstudiert und möchtet euer Können zeigen, kümmert euch um Auftritte. Auf größeren Geburtstagsfeiern, Festen oder Partys könnt ihr nicht nur mit eurem Zusammenspiel glänzen, sondern auch dem Gastgeber eine Freude bereiten. Informiert euch in der Schule, eurem Ort oder Stadtteil.

Unser erstes Konzert ____________
Datum

Bei Schulveranstaltungen ist ein musikalischer Beitrag häufig sehr willkommen. Auch auf Stadtteil- oder Dorffesten besteht die Möglichkeit, mit der Gruppe aufzutreten. Jugendzentren richten oftmals Konzerte aus, an denen viele Bands teilnehmen können.

Spätestens bevor ein Auftritt ansteht, solltet ihr euch um das Aushängeschild der Band kümmern: den Namen!

Bastle einen Kompass

Du willst eine Wanderung durch die Wildnis machen und dabei nicht die Orientierung verlieren? Mit einem Kompass findest du immer den Weg. Bastle dir einen und nimm ihn mit auf deine Abenteuertour.

Das brauchst du dazu

Du benötigst eine leere Streichholzschachtel, ein Blatt Papier, einen Stift, einen Zirkel, eine sehr spitze Reißzwecke, Klebstoff, eine Schere und eine Kompassnadel (aus dem Bastelgeschäft).

Mit deinem selbst gebastelten Kompass kannst du dich nicht mehr verirren.

Los gehts

Als Erstes schneidest du ein rechteckiges Stück Papier aus, das in die Streichholzschachtel passt.

Zeichne dann mittig mit dem Zirkel einen Kreis auf das Papier. Am Rand des Kreises trägst du die vier Himmelsrichtungen ein: Oben ist Norden, rechts Osten, unten Süden und links Westen.

Und fertig ist die Skala deines Kompasses - die sogenannte Kompassrose. Unterteile sie weiter in Nordosten, Südosten und so weiter.

In die Mitte der Kompassrose, also dort, wo der Zirkel einen Nadelabdruck hinterlassen hat, stichst du von unten die Reißzwecke hinein.

Dann klebst du die Kompassrose samt Reißzwecke in die Schachtel. Anschließend musst du nur noch vorsichtig die Kompassnadel auf die Spitze der Reißzwecke setzen.

Die Spitze der Kompassnadel richtet sich jetzt nach Norden aus. Drehe die Windrose so, dass die Spitze der Nadel auf Norden zeigt. Mach dich nun auf in die Wildnis. Mithilfe deines Kompasses wirst du immer wieder den Weg zurück finden. Natürlich nur, wenn du weißt, in welcher Himmelsrichtung dein Zuhause ist.

Fertige eine Kompassrose an.

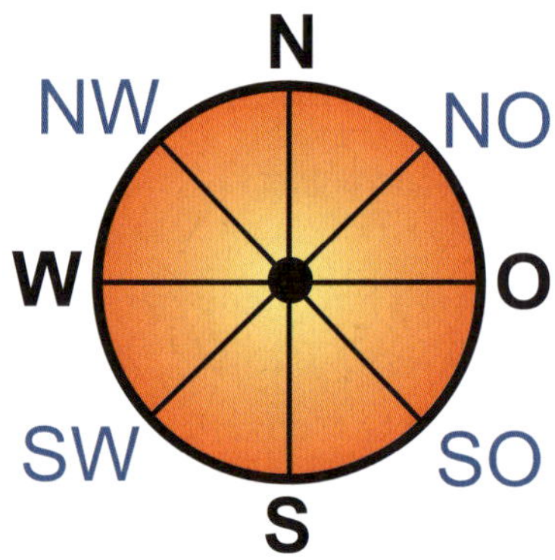

Schon ist dein Kompass fertig!

Zusatzinfo

Weißt du, wie ein Kompass funktioniert? Er zeigt dir die Himmelsrichtungen an, weil die Kompassnadel magnetisch ist und sich am Magnetfeld der Erde orientiert. Darum richtet sich die Nadel nach dem Magnetpol in der Arktis aus und zeigt nach Norden.

Lasso schwingen

Wenn Cowboys ihr Lasso schwingen, sieht das cool aus. Aber wie machen die das eigentlich?

Hoch über dem Kopf

Lerne, wie die Cowboys das Lasso zu schwingen.

Knote am Ende eines langen Seils einen Lassoknoten (siehe Seite 135). Stecke das lange Ende des Seils locker durch das Auge des Knotens, sodass eine große Schlinge entsteht. Nimm die Schlinge am Knoten in die Wurfhand, lege die Seilringe dagegen locker in die andere, oben geöffnete Hand. Lass die Schlinge mehrmals über dem Kopf kreisen und wirf sie dann.

Achtung!
Versuche bitte niemals, mit dem Lasso Tiere einzufangen! Du könntest sie erschrecken oder vielleicht sogar verletzen. Cowboys haben dafür jeden Tag mehrere Stunden geübt. Du bist schon gut, wenn du zum Beispiel einen Pfosten mit dem Lasso triffst.

Ein Iglu bauen

Iglus sind cool. Allerdings sind sie nicht ganz leicht zu bauen, weil man den richtigen Schnee braucht. Wenn er so hart und trocken ist, dass du kaum einsinkst, ist er ideal.

Schneebausteine

Zuerst schneidest du mit einem langen Messer, einer Säge oder einem Spaten große Blöcke aus dem Schnee. Sie sollten möglichst gleichmäßig und mindestens 20 Zentimeter dick sein. Markiere dann die Form deines Iglus im Schnee.

Nun gräbst du einen tiefen Graben in den Schnee, der von außen in dein Iglu führt. Das wird der Eingangstunnel. Er muss tiefer liegen als die Schlaffläche, weil sich kalte Luft immer am tiefsten Punkt sammelt.

Lege dort, wo die Iglumauer hinkommt, ein Brett quer über den Graben und forme aus den Schneeblöcken einen ersten Kreis. Auf diesen legst du, leicht nach innen versetzt, die zweite Schicht. So machst du weiter, bis oben nur noch ein kleines Loch ist, das du mit einem passenden Block verschließt.

Zum Schluss musst du noch alle Ritzen des Iglus gut mit Schnee verschließen, damit der Wind nicht hineinpfeift.

Stück für Stück wächst das Iglu.

Partytricks

Mit einem kleinen Trick bringst du jede lahme Party in Schwung.

Hellsehertrick

Besorge einen Baumwollstrumpf und drei einzelne Eurostücke. Achtung: Auf den Münzen müssen drei unterschiedliche Symbole zu sehen sein!

Überrasche deine Zuschauer und errate die richtige Münze.

Bitte einen Partygast, sich ein Geldstück auszusuchen und es in seiner Faust verschwinden zu lassen. Die anderen Eurostücke soll er in den Strumpf werfen. Verlasse währenddessen den Raum.

Lies Gedanken

Bei deiner Rückkehr hält der Gast noch immer ein Geldstück versteckt in der Hand. Jetzt ist dein Showtalent gefragt! Tu so, als läsest du Gedanken. Springe dann plötzlich auf und sage dem Gast, er soll die dritte Münze ebenfalls in den Strumpf stecken. Dreh dich dafür um – spicken ist verboten!

Nachdem dir der Strumpf übergeben wurde, fasst du flink hinein und fischt die Münze heraus, die sich der Gast ausgesucht hatte. Wie kannst du sie erkennen? Nun, da dein Gegenspieler die besagte Münze eine Weile in der geschlossenen Faust gehalten hat, ist sie wärmer als die anderen Geldstücke!

Rechentrick

Bitte einen Partygast, sich eine Zahl unter 20 zu überlegen. Jetzt stellst du ein paar Rechenaufgaben (plus oder minus), die auf der ausgesuchten Zahl basieren.

Beispiel

Der Gast hat sich die 4 ausgesucht. Nun soll er in Gedanken eine andere Zahl dazurechnen, beispielsweise die 5, dann wieder eine Zahl abziehen. Vielleicht die 2? Es ist egal, welche Zahlen du aussuchst. In diesem Fall käme dein Gegenüber auf die 7.

Bitte den Gast zum Schluss, die Zahl, die er sich anfangs ausgedacht hat, abzuziehen. Welche Überraschung: Du kennst das Ergebnis seiner Rechnung! In unserem Beispiel wäre es die 3.

Der Trick: Rechne einfach deine Aufgabe im Kopf mit (plus 5 minus 2). Es ist nicht wichtig, dass du die geheime Zahl des Partygastes kennst. Er zieht diese Zahl ja am Schluss wieder ab. So kommt ihr beide auf das gleiche Ergebnis!

Sind hier magische Kräfte im Spiel?

Die besten Abzählreime

Ihr seid eine große Gruppe und möchtet etwas spielen. Wieder einmal gibt es Streit darüber, wer anfängt. Mit einem Abzählreim könnt ihr problemlos bestimmen, wer beginnen darf.

Zählt aus, wer das Spiel beginnen darf.

So gehts

Beim Aufsagen des Abzählreimes steht ihr im Kreis. Einer zählt ab, bei jeder gesagten Silbe wird der Reihe nach auf ein Kind gezeigt. Derjenige, auf den die letzte Silbe des Reimes fällt, scheidet aus. Dann geht es mit den Restlichen von vorn los, so lange, bis ein Kind als Beginner übrig bleibt.

Beispiele

Eins, zwei, drei, vier, fünf, sechs, sieben,
eine alte Frau kocht Rüben,
eine alte Frau kocht Speck,
und du bist weg!

Ene, mene, muh,
und raus bist du.

Im Haus ist eine Laus,
und die muss raus!

Eine kleine Mickymaus
zog sich mal die Hose aus,
zog sie wieder an
und du bist dran!

Verlängerungen

Viele Reime lassen sich durch diese Zeilen verlängern:

Raus bist du noch lange nicht,
sag mir erst, wie alt du bist.

Dann wird bis zur entsprechenden Zahl gezählt und dadurch das Kind, das rausfliegt, ermittelt.

Zungenbrecher

Möchtest du deine Sprachfertigkeit trainieren und dabei jede Menge Spaß haben? Dann sage ein paar Zungenbrecher auf. Keine Sorge, die Zunge bleibt ganz.

Du sprichst einen Satz jeweils fünfmal nacheinander schnell und deutlich in einem Atemzug. Versuche, keine Pausen zwischen den Wiederholungen zu machen. Der Buchstabensalat, der dabei entsteht, wird dich und die Zuhörer garantiert zum Lachen bringen.

- Fünfzig flinke Freunde füllen fleißig fliederfarbene Flaschen voll.
- Die Katze tritt die Treppe krumm.
- Der Kaplan klebt klappbare Pappplakate an.
- Wilfried Wichtig will weiße Windeln wieder weiß waschen.
- Zwölf zischelnde Schlangen schlängeln sich zwischen zwei spitzen Steinen.

Zungenbrecher selbst ausdenken

Denke dir ähnliche, aufeinanderfolgende Wörter aus, die sich in bestimmten Silben unterscheiden. Perfekt ist es, wenn sie dieselben Buchstaben zum „Thema" haben. Bei vielen Zungenbrechern ist der Anfangsletter in allen Wörtern gleich.

Sei nicht gleich sauer, wenn der Zungenbrecher nicht beim ersten Mal klappt.

Aprilscherze

Einmal im Jahr, da darfst du lügen, dass sich die Balken biegen – keiner wird es dir übel nehmen. Denn am 1. April sind Schwindeleien und Streiche offiziell erlaubt. Vergiss nur nicht, deine Opfer mit den Worten „April, April!" darüber aufzuklären, dass du sie gerade in den April geschickt hast.

Kleine Schwindeleien

Bist du ein guter Schauspieler? Wenn ja, dann werden sicher viele Leute auf dein Geflunker hereinfallen!

Am 1. April darf ganz legal gelogen und (ein kleines bisschen) betrogen werden!

Schwindelei für Anfänger

Schau dein Opfer ganz entsetzt und mit großen Augen an. Dann rufst du laut: „Ihhh! Wie siehst du denn aus? Dein Gesicht ist ja total grün!" Dein Gegenüber wird wahrscheinlich gleich panisch zum nächsten Spiegel eilen. Beim Blick in diesen sagst du schnell: „April, April!"

Auch immer lustig ist der Hinweis: „Dein Schnürsenkel ist offen!" Selbst wenn dein Opfer gar keine Schuhe zum Schnüren trägt, erfolgt der Blick nach unten automatisch. Dieser Scherz funktioniert wirklich bei fast jedem!

Schwindelei für Fortgeschrittene

„Deine Mutter steht auf dem Schulhof und sucht nach dir!" Mit jenem Satz kommst du nach der großen Pause zurück ins Klassenzimmer. Der angesprochene Mitschüler wird noch einmal auf den Pausenhof laufen und bald feststellen, dass er dir auf den Leim gegangen ist.

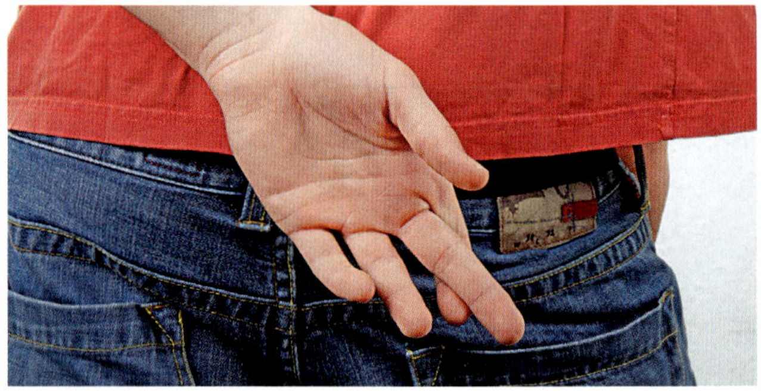

Flunkern ist am 1. April das A und O.

Schwindeleien für Profis

Erfinde eine schräge Geschichte und binde damit allen deinen Zuhörern einen riesigen Bären auf. Du musst es nur so einfädeln, dass die Geschichte mit den Worten „April, April!" endet. Hier ein Beispiel:

„Ihr werdet nicht glauben, was mir heute passiert ist! Ich bin morgens aus dem Haus gegangen, da standen gleich drei Polizeiwagen in meiner Straße. Und gegenüber von uns hatten sich einige Leute versammelt. Da hab ich die Nachbarin gefragt, was hier los ist. Sie meinte, dass hier in der Gegend ein wildes Tier gesichtet wurde. Augenzeugen sagen, dass es sich bei dem Tier um eine Art Werwolf handelt. Andere behaupten, es wäre ein Wildschwein. Das Gefährliche daran ist, dass dieses Tier im Schnee keine Nahrung finden konnte und jetzt nach dem Winter völlig ausgehungert ist. Nun werden Zäune rund um die Häuser aufgestellt, die uns vor einem Angriff schützen sollen. Hoffentlich schneit es jetzt nicht mehr, sonst wird das Tier gleich wieder gefährlich. Aber zum Glück ist der Winter ja vorbei und Schnee gibt es nur noch selten im April, April!"

Streiche spielen

Aprilscherze sollten immer lustig sein, niemand darf dabei zu Schaden kommen. Mit folgenden Streichen kannst du die anderen ganz schön ärgern.

Doppelte Sommerzeit

Stelle heimlich spät abends oder früh morgens alle Uhren im Haus um eine Stunde vor. Einzig die Wecker bleiben unberührt! Wenn deine Eltern und Geschwister aufstehen, wird ihnen zunächst nichts auffallen.

Beim Blick auf die Wanduhr kriegen sie jedoch einen riesigen Schreck. Nun bricht Hektik aus, denn auch die Armbanduhren zeigen an, dass alle verschlafen haben. Du kannst dich aber lachend zurücklehnen und den Irrtum aufklären.

Verstelle heimlich die Uhren.

Dinge vertauschen

Gibt jemand in deiner Familie beim Frühstück Zucker in sein Getränk? Dann tausche doch mal den Inhalt der Zuckerdose gegen Salz aus. So ein bisschen Salz gibt dem Tee oder dem Kaffee eine ganz besondere Geschmacksnote.

Auch Socken, die paarweise in einem Knäuel stecken, kann man gut vertauschen. Bilde einfach neue Paare – dunkelblau, braun und grau lassen sich oftmals gar nicht so genau unterscheiden. Erst bei genauerer Betrachtung wird der Träger des ungleichen Sockenpaares merken, dass ihm ein Streich gespielt wurde.

Vertausche Socken!

Frisch gestrichen

Schreibe „Achtung! Frisch gestrichen!“ auf ein Stück Pappe und hänge es an eine Tür oder an eine Parkbank. Beobachte dann aus sicherer Entfernung, wie die Leute reagieren.

Fremdsprachen – die wichtigsten Wörter

Lernst du in der Schule bereits eine Fremdsprache? Vermutlich Englisch, oder? Doch wäre es nicht toll, wenn du dich auch in anderen Sprachen verständigen könntest? Hier die wichtigsten Ausdrücke und Wörter auf Englisch, Französisch, Italienisch und Spanisch.

Deutsch	Englisch	Französisch	Italienisch	Spanisch
Bitte	Please („plies“)	S'il te plaît („sil tö plä“)	Prego („prägo“)	Por favor („por fawor“)
Danke	Thank you („sänk ju“)	Merci („mersie“)	Grazie („graziä“)	Gracias („grassias“)
Ja	Yes („jes“)	Oui („wui“)	Sì („si“)	Sí („si“)
Nein	No („nou“)	Non („no“)	No („no“)	No („no“)
Guten Morgen	Good morning („gud morning“)	Bonjour („boschur“)	Buongiorno („buondschorno“)	Buenos días („buenos dias“)
Guten Tag	Hello („hellou“)	Bonjour („boschur“)	Buongiorno („buondschorno“)	Buenos días („buenos dias“)
Guten Abend	Good evening („gud iväning“)	Bonsoir („boswar“)	Buonasera („buonasera“)	Buenas tardes („buenas tardes“)
Gute Nacht	Good night („gud nait“)	Bonne nuit („bonn nüi“)	Buonanotte („buonanotte“)	Buenas noches („buenas notsches“)
Hallo	Hello („hellou“)	Salut („salü“)	Ciao („tschau“)	Hola („ola“)
Wie geht es?	How are you? („Hau ar ju“)	Comment ça va? („komo sa wa“)	Come stai? („komä stai“)	Qué tal? („ke tal“)
Auf Wiedersehen	Goodbye („gud bai“)	Au revoir („o röwar“)	Arrivederci („arrivedertschi“)	Adiós („adios“)
Ich verstehe nicht.	I don't understand. („ai dount anderständ“)	Je ne comprends pas. („schö nö kompro pa“)	Non capisco. („non kapisko“)	No entiendo. („no entiendo“)
Wie bitte?	Sorry? („sorri“)	Pardon? („pardo“)	Come scusi? („komä skusi“)	Cómo dice? („komo disse“)
Ich heiße ...	My name is ... („Mai näim is ...“)	Je m'appelle ... („schö mappell“)	Mi chiamo ... („mi kiamo“)	Me llamo ... („me jamo“)
Wie heißt du?	What is your name? („Wot is jor näim“)	Tu t'appelle comment? („tü tappell komo“)	Come ti chiami? („komä ti kiami“)	Como te llamas? („komo te jamas“)
Sprichst du Deutsch?	Do you speak German? („du ju spiek tschörmän“)	Tu parles allemand? („tü parl allmo?“)	Parli tedesco? („parli tedesko“)	Hablas alemán? („ablas aleman“)

So startest du einen Blog

Möchtest du, dass alle wissen, was du so tagtäglich denkst und erlebst? Dank dem Internet ist das gar nicht so schwer. Du kannst ganz einfach einen Blog erstellen und dort aus deinem Leben plaudern.

Was ist ein Blog?

Ein Blog ist eine Seite im Internet, auf der du täglich oder so oft du magst, über dich und deine persönlichen Erfahrungen berichtest. Du kannst beispielsweise über deine Haustiere oder Hobbys, die Schule oder ein Thema schreiben, das dich gerade sehr bewegt.

Blog ist die Abkürzung von Weblogbuch. Es ist also eine Art Tagebuch, das alle Menschen mit Internetzugang lesen können. Du kannst sogar Fotos oder kleine Filme im Blog veröffentlichen.

Starte einen Blog und teile der ganzen Welt deine Neuigkeiten mit.

Wie funktioniert ein Blog?

Die Einträge im Blog sind nach Datum sortiert, wobei der neueste zuerst steht. Als Leser kannst du Kommentare zum Eintrag schreiben und somit mit dem Blogger und den anderen Lesern, die auch Kommentare schreiben, ganz einfach Meinungen austauschen.

Wie erstelle ich einen Blog?

Wenn du nicht selbst zum Programmierprofi werden willst, meldest du dich bei einer Internetseite für Blogger an. Am besten fragst du deine Freunde, Lehrer oder Eltern, welche Seite sie empfehlen. Dort folgst du den Anleitungen.

Vorsicht

Pass auf, was du von dir preisgibst! Nenne niemals im Blog deine Adresse oder deine Telefonnummer. Und stelle nur deine eigenen Bilder und Filme ins Netz oder die von anderen Leuten, die dir ausdrücklich die Erlaubnis dazu gegeben haben. Ansonsten kannst du dich strafbar machen, denn Bilder, Filme und Texte anderer sind vor unerlaubter Veröffentlichung geschützt.

Deine Blogseite hat meist verschiedene Unterpunkte, zum Beispiel kurze Informationen dazu, wer du bist, oder Links zu anderen Blogs. Ist der technische Teil erledigt, beginnen Spaß und Arbeit erst richtig: Denn nun heißt es, spritzige Texte zu verfassen, die anderen Leuten gefallen. So knüpfst du bestimmt bald interessante Kontakte oder findest sogar neue Freunde.

Experimente in der Küche

In der Küche kann man nicht nur kochen, sondern auch total tolle Experimente machen. Probiers aus!

Mit Milch lassen sich erstaunliche Experimente durchführen.

Lustiges Kohlendioxid

Backpulver macht Gebäck schön locker. Beim Backen entsteht nämlich Kohlendioxid, das kleine Gasbläschen bildet. Das kannst du beobachten, wenn du ein Päckchen Backpulver und 100 Milliliter Essig in eine Flasche schüttest. Auf die Flasche setzt du einen Luftballon. Es dauert nicht lange, bis die Kohlendioxidbläschen den Ballon aufblasen.

Mit Mineralwasser kannst du sogar Rosinen tanzen lassen.

Tanzende Rosinen

Auch in Mineralwasser ist Kohlendioxid. Es sorgt dafür, dass das Wasser sprudelt. Wenn du Rosinen in eine Flasche mit sprudelndem Mineralwasser gibst, dann lagern sich die kleinen Bläschen an den Rosinen ab und drücken sie nach oben. An der Oberfläche zerplatzen sie wieder und die Rosinen sinken ab.

Vielseitige Milch

Weißt du, wie man Butter macht? Man schöpft die Fettschicht der Milch ab, die obenauf schwimmt. Das ist die Sahne. Diese Sahne schlägt man. Zunächst wird daraus Schlagsahne. Wenn du die Sahne aber noch weiter bearbeitest, trennt sie sich in klumpige Butter und dünne Buttermilch.

Indischer Käse

In der Milch ist Milcheiweiß und das kann man mit Tricks dazu bringen, dick und flockig zu werden. Koche einen Liter Milch auf, gib zwei Esslöffel Zitronensaft hinein und nimm den Topf vom Herd. Sofort entstehen dicke Flocken und eine dünne Brühe, die Molke. Gib alles in ein feines Sieb und warte, bis die Molke ganz abgetropft ist. Dann drückst du die dicke Masse in einem sauberen Handtuch aus. Nun hast du einen Frischkäse, der in Indien Panir genannt wird. Man schneidet ihn in Würfel und mischt ihn zum Beispiel unter Spinat.

Joghurt

Joghurt machen ist etwas schwieriger. Dafür erhitzt du die Milch auf nur 40 bis 43 Grad Celsius. Das muss unbedingt mit dem Thermometer gemessen werden. Dann mischst du drei Esslöffel Joghurt darunter. Nun muss die Milch einige Stunden warm gehalten werden, damit die Joghurtbakterien neuen Joghurt daraus machen können. Dafür gibt es eigene Isolierbehälter.

Stelle deinen eigenen Joghurt her.

Kristalle züchten

Willst du wissen, wie Salzkristalle entstehen? Fülle zwei Tassen mit warmem Wasser und mische ganz viel Salz hinein. Die Tassen stellst du an einen warmen Ort und hängst lange Wollfäden jeweils mit einem Ende in eine Tasse. Die Wollfäden saugen nun das Salzwasser aus den Tassen auf. Wenn sie in der Luft trocknen, bleibt das Salz an den Fäden hängen. Mit der Zeit entstehen immer größere Kristalle.

Leckere Zuckerstäbe

Das Ganze funktioniert auch mit Zucker. Koche eine Tasse Wasser mit zwei Tassen Zucker auf und rühre dabei gut um, sodass sich der Zucker löst und ein klarer Sirup entsteht. Diesen Zuckersirup stellst du an einen warmen Platz und steckst lange Holzspieße hinein. Nach einigen Tagen haben sich Zuckerkristalle um die Stäbe gebildet. Man kann sie benutzen, um Tee zu süßen.

Stäbe mit Zuckerkristallen

Essig und Öl

Hast du auch schon bemerkt, dass Öl immer auf Essig schwimmt? Besonders gut kannst du das beobachten, wenn du zur Hälfte Öl und zur Hälfte farbigen Essig (zum Beispiel Balsamico) in eine Flasche schüttest. Verschließe sie und schüttle alles gut durch. Nach kurzer Zeit haben sie sich wieder getrennt. Wenn du jedoch ein Eigelb darunterrührst, wirst du sehen, dass eine einheitliche Flüssigkeit entsteht, die sich nicht mehr trennt. Du kannst sie als Salatsoße benutzen.

Öl schwimmt immer auf Essig.

Mayonnaise

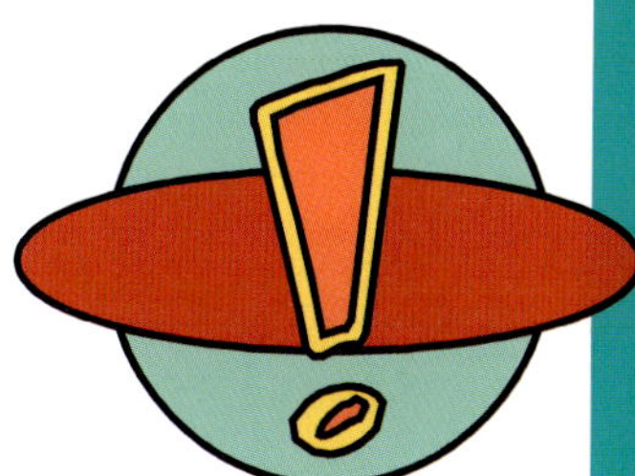

Gib ein Eigelb in einen Rührbecher und verquirle es. Dann schüttest du ganz langsam – am Anfang immer nur tropfenweise – Öl dazu. Mit der Zeit erhältst du eine gelbliche, glänzende Masse. Damit die Mayonnaise schmeckt, würze sie mit etwas Essig, Senf und Salz.

Mayonnaise selbst gemacht – einfach lecker!

Trampolin springen

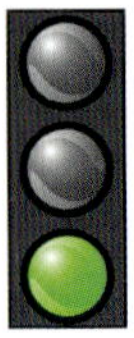

Es ist nicht nur ein Riesenspaß, auf dem Trampolin zu hüpfen, sondern es hält auch fit und trainiert nebenbei den Gleichgewichtssinn und die Koordination. Mit diesen Tipps wird es ein sicherer und unbeschwerter Zeitvertreib.

Das richtige Trampolin

Für Kinder eignet sich am besten ein Trampolin mit Seitennetz. Das Netz schützt dich vor dem Herunterfallen. Achte beim Aufstellen darauf, dass sich keine Gegenstände im Umkreis von zwei Metern befinden. Pass auf, wenn du das Sport- und Spaßgerät draußen platzierst, dass keine Bäume oder Zäune in der Nähe sind.

Es ist empfehlenswert, barfuß oder mit Antirutschsocken zu hopsen. Auf dem Trampolin darf immer nur ein Kind springen, da es sonst zu schmerzhaften Zusammenstößen kommen kann.

Übungen

Zu Beginn solltest du dich einschwingen. Stelle dich dafür leicht breitbeinig in die Mitte des Trampolins. Die Knie sind locker und die Arme etwas angewinkelt. Dann schwingst du auf und ab.

Wer macht die coolsten Trampolinsprünge?

Mein Trampolin und ich ______
Datum

Stoppen

Wenn du anfängst, höher zu springen, musst du das Stoppen lernen. Dafür gehst du beim Landen in die Knie, sodass du den Schwung abfederst. Springe nicht allzu hoch, damit du nicht hinfällst.

Einsatz Arme

Du kannst auch die Arme beim Hüpfen mit einsetzen. Wenn du hochspringst, hebst du die Arme nach oben, wenn du zurückkommst, senkst du sie wieder. Die Knie kannst du zum Bauch hochziehen. Damit bekommst du mehr Schwung.

Die Positionen

Abwechslungsreicher wird es, wenn du auf einem Bein, den Knien, Händen oder dem Po hopst. Probiere auch, die Füße wechselseitig nach vorn und wieder zurück zu setzen.

Bist du geschafft und möchtest den Hüpfspaß beenden, steige vom Trampolin ab. Auf gar keinen Fall solltest du herunterspringen, denn dabei kannst du dich verletzen.

Ein gewagter Sprung

Glossar

Allerheiligen: christlicher Feiertag am 1. November, an dem der Heiligen gedacht wird

ausrangiert: aussortiert, ausgesondert

drapieren: ausschmücken, dekorieren

E-Mail: die Abkürzung steht für das englische Wort „electronic mail" und heißt „elektronische Post".

Fährte: Spur

Fineliner: Filzstift mit einer ganz feinen Mine

Jiu-Jiutsu: japanische Selbstverteidigungstechnik ohne Waffen

Katzengold: Mineralart mit metallischem Glanz und goldener Farbe; auch Pyrit genannt

Kescher: Netz mit Rahmen und Griff, um Fische oder Schmetterlinge zu fangen

Komplizen: Mitschuldige, Mittäter

Kompost: natürlicher Dünger aus Pflanzenabfällen

Kondensation: Verflüssigung; Übergang eines gas- oder dampfförmigen Stoffes in den flüssigen Zustand

Kuvert: Briefumschlag

Link: Abkürzung für das englische Wort „Hyperlink"; eine Stelle in einem elektronischen Dokument, die bei Anklicken auf eine andere Internetseite führt.

Marmor: eine Gesteinsart

Parcours: Hindernisbahn

Part: Teil, Anteil; auch Stimme eines Musikstücks oder Rolle eines Theaterstücks

Phrase: nichtssagende Redensart oder Teil eines Satzes

Porto: Gebühr für das Befördern von Postsendungen

Queen: englisches Wort für Königin

stabil: fest, standfest

steril: keimfrei

SMS: Abkürzung für das englische Wort „Short Message Service"; heißt „Kurznachrichtendienst". Umgangssprachlich ist es eine Kurznachricht, die mit dem Mobiltelefon versendet wird.

Soundcheck: Klangüberprüfung; Kontrolle und Einstellung einer Beschallungsanlage

Wasserdichte: Verhältnis der Masse zum Volumen im Wasser

Werwolf: Begriff aus dem Volksglauben; Mensch, der sich bei Vollmond in einen Wolf verwandelt

Zeuge: eine Person, die zum Beispiel ein Verbrechen oder einen Unfall beobachtet

Zwerchfell: Muskelplatte, die durch den Körper verläuft und die Brusthöhle von der Bauchhöhle trennt; wichtigster Atemmuskel des Menschen

Checkliste - Was kann ich schon?

Mithilfe dieser Checkliste kannst du leicht überprüfen, ob du auf dem Weg zum Alleskönner bist. Kennzeichne einfach die Fertigkeiten, die du schon beherrschst.

Wie viele Kästchen kannst du ankreuzen? Als Gewinn winkt am Ende des Buchs der große Alleskönner-Orden zum Ausschneiden und Aufhängen!

0-30 **Anfänger:** Du stehst noch ganz am Anfang und musst noch viel lernen. Doch mit etwas Ausdauer und Übung wirst du bald Fortschritte machen.

31-60 **Fortgeschrittener:** Dein Einsatz hat sich gelohnt. Bleib am Ball und erweitere deine Fähigkeiten. Dann ist dein Aufstieg so gut wie sicher.

61-90 **Könner:** Gar nicht schlecht. Du bist auf dem besten Weg nach oben. Mach weiter so und der Erfolg wird nicht lange auf sich warten lassen.

91-130 **Profi:** Dir macht so leicht keiner was vor. Noch ein paar Fertigkeiten mehr und du hast es geschafft: Dann gehörst du zum auserwählten Kreis der Alleskönner.

131-150 **Alleskönner:** Bravo! Du bist die unangefochtene Nummer eins und darfst dir zur Belohnung selbst den Alleskönner-Orden verleihen (siehe Seite 159).

Abenteuer

- ❑ Selbstverteidigung
- ❑ Forschen und Entdecken
- ❑ Geheime Kommunikation
- ❑ Orientierung
- ❑ Richtiges Verhalten in Notsituationen
- ❑ Spuren lesen
- ❑ Zeichen und Signale
- ❑ Schatzsuche
- ❑ Überleben in der Natur
- ❑ Erste Hilfe
- ❑ Das perfekte Lagerfeuer

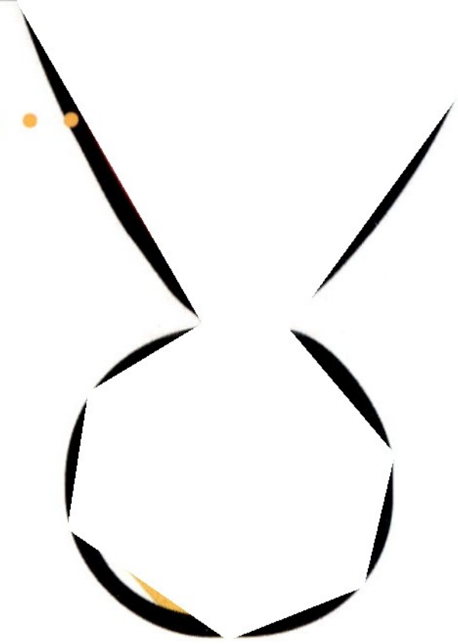

- ❑ Im Freien übernachten
- ❑ Mutproben
- ❑ Detektivtricks
- ❑ Knoten machen
- ❑ Lasso schwingen
- ❑ Ein Iglu bauen

Basteln & Bauen

- ❑ So bastelst du einen Papierflieger
- ❑ Pfeil und Bogen
- ❑ Ein Vogelhaus
- ❑ So bastelst du eine Zwille
- ❑ Ein Tipi bauen
- ❑ Seifenblasen
- ❑ Schnitzen
- ❑ So baust du einen Drachen
- ❑ Bastle eine Sonnenuhr
- ❑ Bastle einen Kompass

Homezone

- ❑ So hältst du dein Zimmer ganz leicht in Ordnung
- ❑ Waschen, bügeln, falten
- ❑ Nähen
- ❑ Grillen
- ❑ Tischmanieren
- ❑ So öffnest du eine Kokosnuss
- ❑ Spaghetti essen
- ❑ Kochen für Kids
- ❑ Back dir was!
- ❑ Süßigkeiten
- ❑ Leckere Getränke
- ❑ Experimente in der Küche

Freizeit & Hobby

- ❑ Taschengeld aufbessern
- ❑ Kartentricks
- ❑ So wirst du Flohmarktverkäufer
- ❑ Sandburgen bauen
- ❑ Würfelspiele
- ❑ Spaß im Schnee
- ❑ So wirst du zum perfekten Gast
- ❑ Halloween feiern
- ❑ Kartenspiele
- ❑ Flaschendrehen
- ❑ Steine springen lassen
- ❑ Klatschspiele
- ❑ Murmelspiele
- ❑ Zaubertricks
- ❑ Partytricks

Kreativität

- ❑ So schreibst du eine Geschichte
- ❑ Malen und Zeichnen

- ❑ Die perfekte Maskierung
- ❑ Kunstblut
- ❑ Comics zeichnen
- ❑ So schreibst du eine Reportage
- ❑ Batiken
- ❑ Ideen für schnelle Geschenke
- ❑ Die besten Faschingskostüme
- ❑ Freundschaftsbänder knüpfen
- ❑ Fotografieren
- ❑ Gestalte deine T-Shirts selbst
- ❑ Stelle eigene Buttons her
- ❑ So gründest du eine Band
- ❑ So startest du einen Blog

Natur & Wildlife

- ❑ So fängst du Fische
- ❑ Sag das Wetter vorher
- ❑ Sternbilder erkennen
- ❑ Tiere verstehen
- ❑ Haustiere halten
- ❑ Vögel füttern
- ❑ Bringe einem Hund Tricks bei
- ❑ So leicht kannst du Wildtieren helfen
- ❑ Pflanzen unterscheiden, die ähnlich aussehen
- ❑ So beobachtest du Insekten, Spinnen & Co.
- ❑ So entkommst du wilden Tieren
- ❑ Gärtnern
- ❑ So erkennst du essbare Pflanzen
- ❑ Tiere unterscheiden, die ähnlich aussehen
- ❑ Kunst aus der Natur
- ❑ Baumhöhe schätzen
- ❑ Auf einem Grashalm pfeifen

School is cool

- ❑ Coole Pausenbrote
- ❑ Schulbücher, Ordner und Hefte gestalten
- ❑ Lerntricks
- ❑ So hältst du ein Referat
- ❑ Gekonnt spicken
- ❑ Fremdsprachen – die wichtigsten Wörter

Just for fun

- ❑ Auf Kommando rülpsen
- ❑ Mit den Achseln furzen
- ❑ Eine Kerze mit den Fingern ausmachen
- ❑ Die Rolltreppe verkehrt herum hinauflaufen
- ❑ Bastle eine Wasserbombe
- ❑ Mit Papiertüten knallen
- ❑ Witze erzählen
- ❑ Kirschkernweitspucken
- ❑ Ein Tischtuch wegreißen
- ❑ Lachen oder Weinen vortäuschen
- ❑ Notlügen
- ❑ Neue Schimpfwörter finden
- ❑ Aprilscherze

Sport & Action

- ❑ So machst du einen Kopfstand
- ❑ So gelingt dir ein Handstand
- ❑ Schwimmen lernen
- ❑ Tauchen
- ❑ Auf dem Wasser treiben
- ❑ Der perfekte Sprung ins Wasser
- ❑ Perfekt Fahrrad fahren
- ❑ Einrad fahren
- ❑ Purzelbaum
- ❑ Rolle rückwärts
- ❑ Jonglieren
- ❑ So wirst du zum Profi am Reck
- ❑ Rodelspaß
- ❑ Bowling
- ❑ Brennball
- ❑ Footbag
- ❑ Auf den Händen laufen
- ❑ Auf Stelzen laufen
- ❑ Auf einen Berg steigen
- ❑ Hüpfspiele
- ❑ So spielst du Basketball
- ❑ Jägerball
- ❑ Seilspringen
- ❑ Trampolin springen

So allerlei

- ❑ Briefe und Pakete versenden
- ❑ Benimmregeln
- ❑ Redewendungen, die Eindruck schinden
- ❑ So flickst du einen Reifen
- ❑ Vergrabe eine Zeitkapsel
- ❑ So machst du auf Glasrändern Musik
- ❑ So machst du mit einer Flasche Musik
- ❑ Kaugummiblasen machen
- ❑ Mit Stäbchen essen
- ❑ So bekämpfst du einen Schluckauf
- ❑ So imitierst du Stimmen
- ❑ Mit den Ohren wackeln
- ❑ Mit einem Auge zwinkern
- ❑ Schielen
- ❑ Auf den Fingern pfeifen
- ❑ So schnippst du mit den Fingern
- ❑ Sprich und schreibe rückwärts
- ❑ So lernst du morsen
- ❑ Die besten Abzählreime
- ❑ Zungenbrecher

Register

Bildnachweis

dpa Picture-Alliance, Frankfurt: picture-alliance/chromorange: S. 57 l. / picture alliance/united archives: S. 95 r.
iStockphoto.com: Antonbrand: S. 20 l. / ArtisticCaptures: S. 57 r.o. / claylib: S. 109 r. / gchutka: S. 81 l. / huronphoto: S. 78 r.u. / jophil: S. 93 r. / KK-inc: S. 86 r. / LeggNet: S. 67 l., 87 r. / liranoce: S. 101 l.o. / loooby: S. 109 l. / mg7: S. 21 u. / salez: S. 144 l. / Spiderstock: S. 60 r. / Tamara_kulikova: S. 65 r.o. / TerryJ: S. 16 l. / zoomstudio: S. 75 r.
Oppenauer, Doris (Illustrationen): S. 36, 37, 68 r.u., 114 r., 115 l., 132, 136 u., 142 r., 159
Werler, Ronny: S. 10, 11, 102, 103
www.fotolia.de: abdulsatarid: S. 75 l. / abell, rebecca: S. 110 r. / Adam, Anja Greiner: S. 108 l., 117 l. / Adams, Andre: S. 49 l.u. / Adler, Klaus-Peter: S. 27 l.u., 107 r. / akf: S. 15 r.u. / alephnull: S. 39 l., 79 r., 90 r., 111 r. / Alesuyk, Vasyl: S. 22 o. / Alicia: S. 44 r. / Alpha-Maus: S. 127 l.u. / Alx: S. 119 r. / Anatol: S. 76.l.u. / Ancello: S. 146 l.u. / Andrushchenko, Vadim: S. 39 r. / Anne3766: S. 28l.o. / Anyka: S. 124 r. / attltibi: S. 145 u. / Aussiebloke: S. 48 r. / AVAVA: S. 125 o. / babimu: S. 14 r.u. / Balthazar: S. 82 l. / Barbett, Stacy: S. 97 r. / BCDesigns: S. 27 l.o. / Benoit, Matthew: S. 97 l.u. / Berger, Andrea: S. 13 r. / Bergmann, Sascha: S. 59 (Spuren) / Bernad: S. 7 r.u. / Blanchette, Leo: S. 152 r.o. / Blanda, eva: S. 96 l.u. / Bogdanski, Silvia: S. 98 r. / Bogdanski, Yvonne: S. 74 r. / Bonn, Andre: S. 27 r.u. / Brunsch, Sandra: S. 69 r. / Carbol, Jan: S. 138 r. / Casey, Cheryl: S. 90 l. / Chabraszewski, Jacek: S. 150 r.u. / Chabraszewski, Jacek: S. 98 l.o. / Chlorophylle: S. 45 l. / chrissgrey: S. 50 l.u. / Claboss: S. 134 r.u. / Claus, Rainer: S. 28 l.u., 28 r.o. / Coburn, Stephen: S. 138 l. / contrastwerkstatt: S. 32 l.o. / Contu, Claudio: S. 42 l. / Dahl, Just: S. 130 l. / dancerP & AF Hair: S. 91 m. / Dark Vectorangel: S. 47 3.v.o., 51 r.u. /davidundderriese: S. 140 l.u. / Dean, K. Adam: S. 100 r. / debert: S. 59 l. / DeFazio, Melanie: S. 69 l. / demarco: S. 48 l.o. / DeVlce: S. 53 r. / Didier, Brandelet: S. 118 r. / Digitalpress: S. 42 r., 83 l.u. / dinostock: S. 134 r.o. / DIREKTHIER: S. 6 l.o. / Doc RaBe: S. 129 l. / Dochev, Dilyan: S. 35 r. / draganm: S. 38 l.u. / dragon_fang: S. 80 r. / Dron: S. 46 l. / Eggermann, Peter: S. 120 l. / Elenathewise: S. 9 r. /Eléonore H: S. 149 l.u. / Ella: S. 4 r.u., 116 l.m.l. / emer: S. 76 l.m. / emmi: S. 15 l. / epantha: S. 120 r.o.r. / Eppele, Klaus: S. 67 r., 126 l., 126 r., 146 r. / erikaschiavone: S. 4 l.u., r.o., 83 / Etchison, Sonya: S. 74 l., 152 l. / eyewave: S. 116 r. / eyezoom1000: S. 18 r. / Fabri, D.: S. 113 r. / felinda: S. 105 r.u. / Feng Yu: S. 146 l.o. / FICKINGER, Patrice: S. 23 o. / filius: S. 57 r.o. / Fleckl, Sonne: S. 14 r.o. / flucas: S. 104 r. / FM2: S. 47 6.v.o. /Fonchikov: S. 25 u. / Forster, Forest: S. 41 r.o., 135 l.o./ Francois, Thomas: S. 19 l. / FrankU: S. 25 m., 43 l. / Free-Design: S. 3, 8–152 (Ampeln) / FreeReins: S. 135 l. / Fretz, Ernst: S. 116 l.u. / Gabees: S. 81 r. / Gabrieldome: S. 151 r.u. / galam: S. 29 r. / Gelpi, Jose Manuel: S. 84 r., 95 l. / Gerasimov, Konstantin: S. 82 r.o. / Gerula, Peter: S. 77 l.o. / Gladwell, Sean: S. 94 l., 94 r.o. / godfer: S. 16 r. / goldencow-images: S. 122 l., 128 r.o., 144 r. / Goodyear, Johanna: S. 56 l., 101 r. / Gorbunov, Evgenij: S. 71 l. / gormonrosta: S. 118 l. / Goswami, Sanjay: S. 121 l.o. / GrafiStart: S. 86 l.o., 87 l. / Greiner Adam, Anja: S. 40 r. / Griesel, Scott: S. 21 o. / Grlic, Ivan: S. 128 l. / Grötznrt, Uwe: S. 106 l. / Hackemann, Jörg: S. 38 r. / Hallgerd: S. 78 l., 114 l. / Hamels, Laurent: S. 133 l.o. / hanzl: S. 56 r. / Harald07: S. 49 r. / Hatch, Jeanne: S. 143 l. / Hemmann, Tino: S. 23 l., 61 l., 100 l., 112 r. / Henkel, Sandra: S. 152 / hikuta: S. 71 r.o. / Hill, Paul: S. 22 u. / HNoah Golan: S. r.m. / Hofmann, Nicole: S. 17 o. / Hughes, David: S. 150 l.o. / illu24: S. 154 r.o., 155 r.u. / imagebos: S. 86 l.u. / imgwio: S. 123 l.u.r. / Ishmatov, Vasil: S. 99 r.u. / ISO K°: S. 140 r./ Isselée, Eric: S. 71 r.u., 99 l. / Jackson, Brian: S. 106 r. / jokatoons: S. 32 r. / jonnysek: S. 120 r.m.l. / Kamparin: S. 101 l.u. / Kaulitzki, Klaus: S. 140 l.o. / Keys, Diane: S. 52 / Kiselev, Andrey: S. 15 r.o. / Kitti: S. 152 r.u. / Klein, R.-Andreas: S. 88 l.u. / klickit: S. 131 r. / Kokhanchikov: S. 112 l. / Krahl, Hans-Jürgen: S. 33 r. / Kroener, Udo: S. 51 l. / Kruck, Wolfgang: S. r.m.r. / Kudinov, Andrey: S. 94 r.u. / Kudryavtsev, Dmitry: S. 141 l.u. / Kzenon: S. 60 r.u. / lamax: S. 116 l.m.r. / Layland, Edie: S. 123 r. / lekcets: S. 73 l. / Leonova, Elena: S. 105 l. / Light Impression: S. 117 r. / Lorelyn, medina: S. S. 40 l. / Lubcke, Timothy: S. 99 r.o. / Lucky Dragon: S. 64 l., 65 r. / Luger, Walter: S. 77 r.u.r. / lu-photo: S. 137 r. / lu-photo: S. 5 l. / m.schuckart: S. 108 r.u. / maram: S. 83 r.o. / Marcinksi, Piotr: S. 32 r. / Marinoni, Flavio : S. 5 r. / Marinoni, flavio: S. 130–131 / Mayer-Hartmann, Josephine: S. 44 l. / michanolimit: S. 50 l.o., 50 r., 78 r.o., 91 r.u. / Miroshnikova, Daria: S. 12 r. / Mollypix: S. 110 l. / Monartdesign: S. 131 l. / Monkey Business: S. 26. l., 26 r., 72 l., 98 l.u. / moodboard3: S. 7 l. / moonrun: S. 148 / MOSCA, Fabrice: S. 127 l.o. / mrs. Blondy: S. 14 l. / Mucibabic, Vladimir: S. 32 l. / Naumov, Dmitry: S. 88 l.o. / Neeleman, lidian: S. 88 r.u. / nikola-master: S. 72 r. / nilky: S. 47 r.u. / Nobilior: S. 79 l. / Olseon, Tyler: S. 143 r. / P. C.: S. 47 2.v.o. /Pannatto, Cantor: S. 20 r. / Paulussen: S. 45 r. / pdesign: S. 147 r.u. / Peetz, Kristin: S. 80 l. / Perkins, Thomas: S. 123 l.u.l. / Petrat, Stephen: S. 58 u. / Petrenko, Dasha: S. 93 l. / picsfive: S. 63 r. / Pixel: S. 47 1.v.o., 47 4.v.o., 47 5.v.o. / pixelpainter: S. 66 l. / Posthouwer, Paul: S. 151 l. / pressmaster: S. 8 r., 53 l. / quayside: S. 151 r.o. / Rauer: S. 32 l.u. / RedTC: S. 110 l. / remar: S. 62 l.o. / roadrunner: S. 4 l.o., 68 r.o. / rotoGraphics: S. 46 r. / roxxOr: S. 18 l. / Rullkötter, Marco: S. 149 / S. Mohr Photography: S. 116 l.o. / Sabimm: S. 54 r. / sabino.parente: S. 92 l. / Sally: S. 134 l. / sathopper: S. 37 r.u. / Schmidt, Inka: S. 127 / Schwier, Christian: S. 73 r., 137 l. / Scundric, Snezana: S. 142 l. / scusi: S. 141 r. / 154 r.u., 155 r.o.Seletskaya, Zina: S. 141 l.o. / senoldo: S. 35 l. / Shevchuck, Borys: S. 147 r.o. / simonekesh: S. 138 l. / Skaar, Cynthia: S. 17 u. / Skundric, Snezana: S. 8 l. / Smileus: S. 119 l. / Soluno: S. 51 r.o. / soupstock: S. 38 l.o. / SpbPhoto: S. 104 l. / Spectral-Design: S. 23 r. / Steidl, James: S. 115 r. / Stepanova, Elena: S. 105 r.o. / Stepovik, Igor: S. 55 l.u. / styleuneed: S. 125 u. / Sveta: S. 82 r.u. / Syncerz, Marzanna: S. 145 l. / Szelepcsenyi, Ferenc: S. 91 l. / Tabler, Denis: S. 49 l.o. / tavi: S. 31 r.u. / Team 5: S. 136 o. / Thompson, Leah-Anne: S. 9 l.tikanet: S. 43 r. / Tomasi, Guido: S. 41, l. / Trojanowski, Tomasz: S. 33 l. / Tromeur, Julien: S. 41 r.u. / Tutschek, Kurt: S. 129 r. / UK: S. 66 r. / ulga: S. 37 r.o. / Vaida: S. 147 l. / Vartanov, Anatoly: S. 31 r.o. / Viskova, Klara: S. 128 r.u. / Voigt, Sabine: S. 13 l. / Waldekz: S. 19 r. / Wall, Swetlana: S. 58 l. / wazymodo: S. 62 l.m. / Weber, Julian: S. 113 l. / White, Alex: S. 70 r. / Wierink, Yvonne: S. 64–65 (Bälle), 92 r. / window: S. 47 r.o. / Winne: S. 24 l.u. / WoGi: S. 96–97 / Xuejun li: S. 139 r. / Yantra: S. 62 r. / zuerlein, sandra: S. 61 r., 108 r.o.
www.pixelio.de: Adler, Jürg: S. 120 r.o. / Ahrendts, M.: S. 85 / Barnebeck-Telemarco, Marco: S. 120 r.u.r. / Bayer, Stefan: S. 31 l. / Bechen, Peter von: S. 29 l. / berwis: S. 54 l., 55 l.o, 55 r.u. / Bolliger, Hanspeter: S. 76 r.u. / Dumat, Maja: S. 46 r.o. / Handke, Rolf: S. 120 r.u.l. / Hofschläger, S.: S. 48 l.u., 121 l.u. / Hofschläger, Stephanie: S. 24 o., 7 r.o. / Kauertz, Astrid-Maria: S. 84 l. / Liebisch, Karl-Heinz: S. 76 l.o. / Lorenz, Martin: S. 89 r.o. / N, Verena: S. 60 l. / Nowak, Udo: S. 120 m. / Peashooter: S. 59 r. / PeeF: S. 89 l. / Prinz, steve: S. 107 l.o. / Reiss, Harald: S. 96 l.o. / Rempt, Torsten: S. 77 r.m. / Rike: S. 55 r.o., 89 r.u. / Rose, Ernst: S. 150 l. / Rosskoss, Frank: S. 122 r. / Rotter, Jutta: S. 12 l., 30 l., 133 u. / sassi: S. 60 r.o. / Schweigert, Alexander: S. 77 r.o. / Siegmundt, Meinhard: S. 77 l.u. / Sturm, Rainer: S. 70 l., 107 l.u. / Thomas, Barbara: S. 77 r.u.l.

Alleskönner
Nr. 1